西湖丛书编纂指导委员会

《西湖全书》编辑委员会

万松书缘

邵 群 著

杭州出版社

总　序

杭州倚湖而兴，因湖而名，以湖为魂。作为《西湖丛书》的主要组成部分，我们编撰了这套图文并茂、雅俗共赏的《西湖全书》。她和《西湖通史》、《西湖文献集成》共同构筑了一个蕴藏几乎全部西湖瑰宝的陈列馆，一个供人全面深入了解、研究西湖的开放型阅览室。如果说《西湖通史》是一部叙述几千年西湖历史踪迹的大气磅礴的巨片，《西湖文献集成》是一部全景式立体演绎西湖景物的引人入胜的连续剧，《西湖全书》收辑的一册册小书，则是为人们呈上的一杯杯芳香浓溢的醇醪。我们邀来各界专家，用精雕细镂和蒙太奇的手法，对西湖进行多角度、全方位的特写和定格切换。这种特写和定格，对人们更深入、更真切、更全面地了解西湖是不可或缺的。通过这种分镜头的解读，读者将更深地吟味到西湖无穷无尽的魅力！

西湖，的确是一颗永远散发着无穷无尽魅力的熠熠闪光的明珠！这颗明珠，会随着不同季节、不同时空、不同场景、不同时代，以气象万千、仪态万方的意境，完美无瑕地呈现在人们面前，诚如大诗人苏轼所赞颂的“欲把西湖比西子，淡妆浓抹总相宜”。她有时是一首优美抒情的绝句，有时却是一章气势恢弘的排律；她有时是一阕音律悠扬的小夜曲，有时却是一部雄恣壮采的交响乐；她有时是一尺清供小品，有时却是一轴浓墨重彩的山水画。她是多棱镜，她是万花筒，总是令人目不暇接，妙趣横生！她的美，她的趣，既源于远古至今大自然对杭州的特意垂青，又源于千百年来仁人志士、骚人墨客对杭州刻骨铭心的依恋。正是这两者完美和谐、天衣无缝的结合，才使西子姑娘的一步一趋、一颦一笑，无不散发出普天下难有其匹的美丽！因此，除了全景式的《西湖通史》和《西湖文献集成》外，没有《西湖全书》这样一种散射式的描述，西湖的风姿、西湖的风韵，乃至西湖的风骨、西湖的风流，是很难想象会得到全面、深刻的反映！所以，无论是六桥花柳，还是三竺云岚；无论是灵隐古刹，还是岳王祠庙；无论是汩汩清泉，还是巍巍宝塔；无论是龙井的茶韵，还是曲院的荷香；以及飞来峰的造像，岁寒岩的碑刻；白居易、林和靖、苏东坡的湖畔杖履，北山街、杨公堤、文澜阁的历史呼唤；西泠印社，胡庆余堂；诗词曲赋，花木园林；尘封久远的老照片，容光焕发的新景区；风俗、佳肴、织锦、书画……凡是西湖的沧桑，凡是西湖的传说，凡是西湖的风光，凡是西湖的人文，无不是我们搜罗编撰的对象，无不是我们要呈现给读者的内容。

《西湖全书》目前暂定50个选题，正陆续组织撰写付梓。虽然我们自认为已勤勉努力，但这套丛书是否已臻"图文并茂、雅俗共赏"的初衷，还得恳请读者们多提宝贵意见。西湖美的探索、西湖文化的追寻，是要求人们献上毕生精力的，是个弥久常新的课题。我们当继续焚膏继晷，裨使这套丛书编辑得更好。

是为序。

2004年9月

目　录

上篇·万松书院

明万松书院图（邵群　摄）

万松书院位于杭州西湖南岸幽静秀美的万松岭上，面向云居山，背依凤凰山，左襟钱江，右带西湖，院内奇石嶙峋，古藤虬结，松涛泉流，虫鸟和韵，地理位置空灵清寂、得天独厚。创办至今已有510周年，曾是浙江省的最高学府，造就了许多颇具名望的俊杰英才。传说中，这里是中国四大民间传说之一《梁山伯与祝英台》中男女主人翁同窗共读三年的浪漫地方，所以至今仍有动人的传说在流传着……

关于万松书院的历史，可追溯到唐代。书院的前身是座寺院，建于唐贞元年间（785—804），名叫报恩寺，寺内主要建筑有舞凤轩、万菊轩、浣云池、铜井等。南宋时，寺院香火盛极一时。历史上，有两位著名的杭州地方行政长官——唐代刺史白居易和宋代太守苏东坡在杭任职期间，频频光顾报恩寺，他们在与寺僧煮酒、品茗、参禅之余留下了许多诗篇，被后人传为佳话。

长庆二年（822）至四年（824）的某个夜晚，时任杭州刺史的大诗人白居易途经万松岭，写下七言律诗——《夜归》。

半醉闲行湖岸东，马鞭敲镫辔珑璁。
万株松树青山上，十里沙堤明月中。
楼角渐移当路影，潮头欲过满江风。
归来未放笙歌散，画戟门开蜡烛红。

清敷文书院图

一、书院史话

（一）明代万松书院的创办

明弘治十一年（1498），浙江右参政周木在原报恩寺的遗址上改建书院。因白居易《夜归》诗中有“万株松树青山上，十里沙堤明月中”的名句，故名万松书院。

万松书院创建初期规模较大，主体建筑布局沿用官学“左庙右学”的形制。左边近山处有孔子殿。孔子殿系原报恩寺建筑，三开间，是书院的祭祀场所。殿前有颜乐亭，高处建有月台和掬湖台。孔子殿右边，前有万松门，后有明道堂。堂为五开间，宽绰宏敞，为先生讲经明义的课堂。西廊两侧各有斋室五间，是师生们自习之所。

其时，万松书院内部的组织机构相对简单，只招收童生、监生、举人三类生徒；聘用博学鸿儒为山长、品学兼优的贤士为教授；初步建立书院的学规和章程，学规采用南宋理学家朱熹的《白鹿洞书院揭示》；讲学内容为儒家《四书》等经史考述；学习提倡个人专研为主，强调修己达人，修身养性；书院不鼓励生徒参加科举考试，但也不反对，这与官学只为应付科举的教学方式截然不同。书院虽由地方官员创办，但在教学和管理上还是有着很大的自主权。

修复前的“万世师表”照壁（邵群　摄）

书院孔子殿中供奉着原南宋学宫的孔子像、四配像及十哲木主，由衢州南宗孔氏后裔主持祭祀。另外，地方官府还专门划拨原报恩寺山地170亩作为书院祭田，“以备祭仪”。

经过创办初期的摸索和实践，明代万松书院在不断扩建与重修中逐渐成为江浙一带颇具影响力的知名书院。

明正德十六年（1521），侍御巡抚唐凤仪等人主持了万松书院历史上第一次重大维修：增建石坊两座，整修加固原有建筑，扩建学生斋舍。重修以后，书院规模宏大，一时成为杭州最大的书院。明嘉靖四年（1525），在侍御潘景哲的倡导下，万松书院扩建楼居斋舍共36楹，添置祭田若干，又完备祭祀器具等，招收省内外优秀学子逾百名。明嘉靖九年（1530），浙江左布政使顾璘等人开山辟路，集资兴建“振衣”等三亭，使石林成为书院一景。其后，万松书院因由官员创办，又深受王阳明“心学”影响，而遭受统治者的沉重打击。明嘉靖三十三年（1554），杭州知府孙孟在废墟中重建万松书院，恢复明伦堂等主体建筑，并增建居仁、由义两斋。明万历年间，阁臣张居正废毁天下书院。幸而在大学士徐阶的支持下，浙江巡抚谢师启、提学佥事乔因以“万松书院祀先圣，不当概毁”为由，再三乞请，终使万松书院逃过一劫。书院改称为“先贤祠”，孔子殿增祀周敦颐、程颢、程颐、张载、朱熹五子像，祭祀活动由西安博士署派来的一名执事官主持。其时的万松书院虽名亡而实存。崇祯五至六年（1632—1633）间，终于在战乱中被毁。

明石刻《至圣像》

据《明史》记载，正德、嘉靖之际，学者们“聚讲会，立书院，相望于远近”。当时，讲学之风在各书院中盛行一时。万松书院也因深受访问学者王守仁“心学”理论的影响，在办学上重视“讲明义理”，主张学术争辩和交流；重视自学，提倡独立研讨，培养学生独立的治学能力；在德业上提倡相帮相扶，相推相引，“使之日进而高明光大”。课程的设置较为简约，学生可以自由选课，“以充所善，养其所长”，充分发挥学生的特长和兴趣；反对以追求功名利禄为目的的学习，提倡“探性理之要，询治道之源”的求真务实的学风。至万历初期，统治阶级又重提程朱“居敬穷理”的思想理论，而将王守仁的理论斥为“伪学盗名”。为迎合统治者，巡盐御史马应梦增建继道堂和穷理、居敬二斋。明末，书院渐被政府控制。在科举制度的支配下，学生的学习目的只是为了通过参加科举考试，挣个官位，光宗耀祖罢了。

（二）清代万松书院的昌盛

清圣祖玄烨像

清初，统治者唯恐书院讲学活动会导致明朝遗民反清思想的高涨，故抑制书院教育的发展。如顺治九年（1652）宣谕："不许别立书院，群聚结党。"因此，清初的前八十年中各地书院始终处于停滞状态，万松书院也仅在顺治年间复建了孔氏祠堂。康熙十年（1671），浙江巡抚范承谟重建万松书院，并改名为"太和书院"，书院才开始复苏。及至康、雍、乾时期，统治者对书院教育由禁止转为提倡后，万松书院得以迅速发展，逐渐进入昌盛时期。

清中叶，万松书院经康熙三十一年（1692）、康熙五十五年（1716）及雍正四年（1726）的三次重修后，规模进一步扩大。又经嘉庆、道光两次修建后，更具名院风采。

这一时期，清政府对万松书院的支持也是空前的。清康熙五十五年（1716），圣祖玄烨御赐"浙水敷文"额，并赐《古文渊鉴》、《渊鉴类函》、《周易折中》、《朱

杭州市民丁云川先生捐赠的《敷文书院志略》

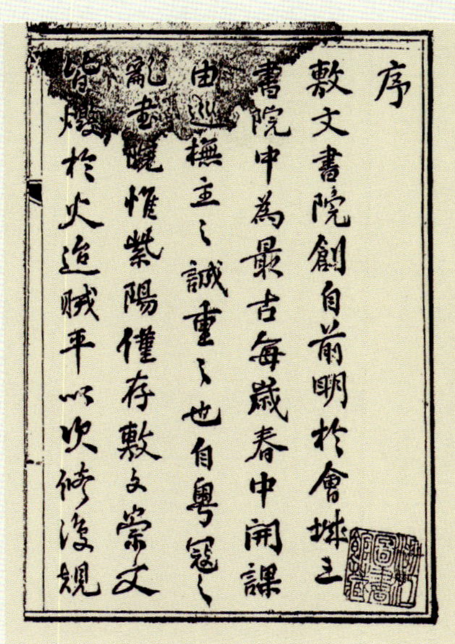

序

敷文書院創自前明於會垣之書院中為最古每歲春中開課由巡撫主之誠重之也自粵寇之亂書院惟紫陽僅存敷文崇文皆燬於火迨賊平以次修復規

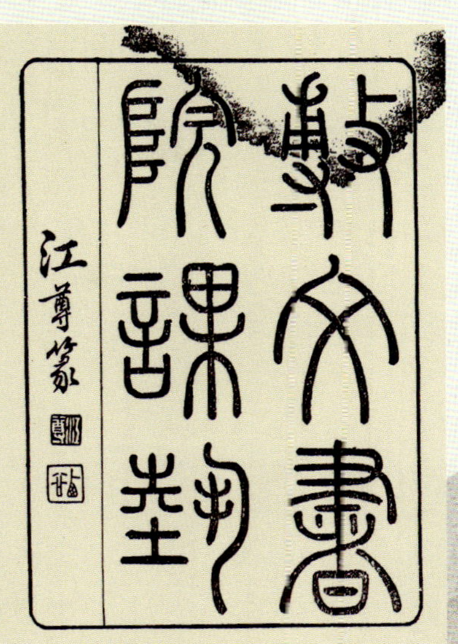

敷文書院課藝

江尊篆

清敷文书院课艺

子全书》等典籍予万松书院。为此，浙江巡抚徐元梦建存诚阁收藏，书院也由此更名为“敷文书院”。雍正十一年（1733），万松书院被敕为省城书院，赐银一千两“以资膏火”。乾隆十六年（1751）三月，高宗弘历初次巡临万松书院，赐“湖山萃秀”额，并增赐帑金一千两白银，并赐英武殿所刊《十三经》、《二十二史》各一部。当时享有这一殊荣的，全国仅有江宁钟山书院、苏州紫阳书院。此后，弘历五次下江南又五次巡临万松书院，由此可见对其格外重视。

同时，万松书院愈加重视祭祀活动，并一直由孔氏嫡系子孙主持。每年举行春秋两季大祭，每月朔、望日也要拜谒先圣贤哲。祭田、祭器经乡绅捐置及政府拨给后，也更充裕了。如监驿道黄炳捐置学田，雍正十一年（1733）程元章增置学田，乾隆年间添置大量圣殿礼器。书院的藏书在这一时期亦达到了最富，藏书逾万册。除沿用初期的教学宗旨和学规外，又增设了《孝廉月课章程一计开条议章程》，使书院的学规和章程更趋完备。设立严格的考课制度，额定官课、馆课每课的正取、次取及附取名额，以激励学生。至清末，按学生成绩优劣又分超等、特等、一等三个级次，按不同的等级给予不同的奖励。书院内部构架更趋完善，山长一般由官府委派或士绅公推德高望重的著名学者担任，如齐召南、金甡、潘德园等；聘请进士出身且立品勤学的名士担任书院教授，如杨绳武、赵石函等；还聘请一些著名学者，如岳麓书院山长万年茂，以及金志章、阮芝生、厉鹗、戴熙等来书院访问讲学。各地学子纷纷慕名而来，“讲席造士甚众”，书院名盛一时，且培养了大批诸如袁枚、祝德麟这样优秀的学生。

清统治者对于书院教育的态度虽然有所转变，但实际上，他们纳书院于官学的轨道，将自由讲学改成时文（八股文）训练，书院与官学一样，完全成了科举的附庸，已完全改变了书院传经讲学的初衷。万松书院也渐被官府操纵，经费由官府划拨，办学宗旨亦以科举仕进为目标，日渐与官学合流，肄业生员中考取功名的比例在杭州是最高的。

（三）近代万松书院的衰败

近代以来，西方列强入侵中国，民族危机深重。满清王朝一味妥协投降，与列强签订了一系列丧权辱国的割地赔款条约，使中国完全沦为半殖民地半封建社会。维新人士认为中国积弱的原因在于教育不良、学术落后，书院的教育模式已经不再适应现实社会的需要，要救亡图存就必须改革教育。于是，废除旧的教育制度成为当时举国上下的一致要求。万松书院作为旧的教育体制中的典范，与所有的书院一样在这场变革中终结了自己的历史使命。

其时，也曾有多位地方官重修万松书院，补植松树，恢复一些主体建筑，试图再现“康乾盛世”时的繁荣。但是，种种或自然或人为的因素，仍使万松书院形同虚设，终于逐渐荒废、倒圮。

光绪年间（1875—1908），浙江巡抚叶赫崧骏、布政使刘树堂因杭城四大书院中只有万松书院（时为敷文书院）仍旧荒废，终觉遗憾，时时计划重建。但是，随着历史的变迁、杭州城市的转移，万松岭一带地僻人稀，在那里办学已有诸多不便，甚至“日用所需，动形窒碍”。再则，书院若要复建至原来的规模，非有一笔巨额资金不可。叶赫崧骏、刘树堂商议再三后，决定将书院迁至城内。在此之前，他们用了三年时间筹集迁徙资金。

光绪十八年（1892），杭城乡绅、“八千卷楼”主人丁丙在葵巷物色到一处适宜办学的民居——沈宅。屋主沈氏从任地广东回杭州后定居于此。自从他唯一的儿子死后，因家中屋大人少，而倍感孤寂，早有将此屋出售之意。但苦于位置偏僻，少有人问津。经丁丙的推荐，叶赫崧骏、刘树堂都认为沈宅虽位于城中静僻处，但正适宜“书院弦诵”，是理想的办学之地。于是，即以时价购入，并派丁丙督工改建，工程历时近半年。书院建成后，正值叶赫崧骏进京觐见皇上，遂请光绪帝赐名，称“敷文讲学之庐”，以区别万松岭上的敷文书院。

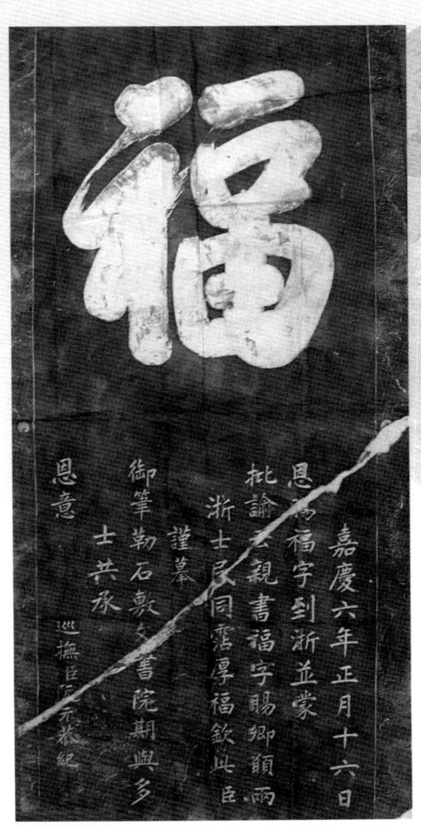

清嘉庆帝御赐“福”字拓件（邵群　摄）

敷文讲学之庐中间设讲堂，名为“正谊”，取康熙帝“正谊明道，养士求贤”之意。中楹供奉并祭祀孔子、四配、十二哲神位。右楹为名宦讲堂，其后为山长居舍。书院内设有四间学斋，分别名为“颜乐”、“曾唯”、“居仁”、“由义”。另有藏书楼、游息轩、毓秀轩等建筑。敷文讲学之庐的规模虽不能与敷文书院相比，但其祭祀、讲学、藏书三大功能一应俱全，不仅花

丁丙像

安定中学校门（旧照片）

木掩映、环境幽雅，连吃、住等生活细节都有妥帖安排。敷文讲学之庐规定住院额数为每院36人，学生可以自由参加会试。

由叶赫崧骏撰文、刘树堂书写的《新建敷文讲学之庐记》详细记录了万松书院由万松岭迁至葵巷的全过程，并勒石以记。现此碑尚存于杭州市第七中学内，只是略有残损。刘树堂在敷文书院崖壁上也记录了这一史实。

敷文书院则按旧样稍作修缮，四周建起围墙，派专人看管，作为供人凭吊的古迹加以保存。但因偏僻，时常有“借地堆物、招人栖止、厝棺盗葬、争伐枯木”的情况发生，管理难度极大。光绪二十年（1894）二月二十四日，浙江巡抚刘为特立碑示众，但收效依然不大，日复一日，书院旧址终成荒芜之地。

光绪二十四年（1898）五月二十二日，光绪帝颁发“改书院为学校”的圣旨，规定所有书院“一律改为兼习中学、西学之学校”。敷文讲学之庐停办。

1901年，由杭州籍上海民族资本家胡乃麟出资，在葵巷敷文讲学之庐旧址上创办了浙江省第一所私立中学——安定中学。1955年，这所私立的安定中学正式由杭州市人民政府接办，改名为杭州市第七中学。

（四）现代万松书院的复兴

1999年起，在原杭州市副市长马时雍先生等热心于杭州历史文化遗产保护的社会各界人士的呼吁下，杭州市政府决定依据史料记载和留存的遗迹，按照修旧如旧的原则，在遗址上按明式旧制重建万松书院。经过杭州市园林文物局凤凰山管理处3年多时间的整修和建设，万松书院于2002年10月建成并向游人开放。至此，沉寂了一个多世纪、几近荒圮的万松书院终又重现500年前的“名校”风采。

重建后的万松书院，占地约6万平方米，是西湖周围唯一以书院文化为主体的文化公园。书院的主体建筑以清乾隆《南巡胜迹图》中的《敷文书院》为蓝本，以自然山体、林木、古藤、奇石为背景，采用中轴对称、纵深多进的院落形式，仿明式建筑形制，用粉墙、栗柱、黛瓦的素朴淡雅，凸现“求之于心而无假以雕饰”的风格，使书院处处散发出浓浓的书卷气息。院内有建筑1600平方米，主体建筑如品字型牌坊、仰圣门、毓粹门、明道堂、大成殿、“万世师表”平台等都集中在中轴线上，学斋、御碑亭等分列两侧，其他的亭台楼阁则依据自然山势，星罗点缀。书院内嘉花茂树，修篁奇石，交布其间，周围苍松掩映，小溪潺潺，远可观雷峰夕照、宝石流霞，近可听松涛泉流、虫鸟和韵。院内尚有浙江省省级文物保护单位——于子三墓、杭州市市级文物保护单位万松书院遗址、小九华山石刻等文物古迹，文化底蕴深厚，文化氛围浓郁。

为了使万松书院完整地再现古代书院必备的藏书、祭祀、讲学三大功能，让游人对古代书院的教育形式有更直观、更清晰的认识，2004年，杭州市政府又投资增建讲堂——正谊堂及部分服务配套设施，并于2004年10月1日向游人开放。该建筑和室内陈设风格与原有建筑一脉相承，既完整地展现了古代书院的风貌，又满足了现代旅游业的实际需求。

2002年重建中的万松书院（李忠　摄）

2002年重建万松书院（李忠　摄）

作为一个向游人开放的收费公园，重建后的万松书院设置了一明一暗、一实一虚两条文化主线：明为“明清知名学府”、暗为“梁祝爱情之地”，中轴线上以古代书院的布局为实景，而在右侧石林中又依自然地势巧妙点缀与“梁祝”十八相送有关的场景，如观音堂、草桥亭、独木桥等等，让美丽的传说为肃穆的书院增添更多的人文情怀，同时让虚无的故事也有了真实的场景可以寻找。

为了使这两个文化主题得以进一步弘扬，自2002年10月开放以来，万松书院借助社会

2002年10月1日万松书院开园，王国平、马时雍等领导剪彩（仝忠 摄）

各界的力量，努力做好“成人”、“成家”这两篇文章。所谓“成人”，即学习中国传统的儒学文化，以书院为学习场所，从古圣先贤的经典著作中学习做人的准则，延伸产物为“万松讲堂”。所谓“成家”，即是从“梁祝”爱情故事中派生出来的找寻意中人，成家立业的意思，延伸产物为“万松书院相亲会”。

自2005年与温馨家庭服务社共同开办“万松书院相亲会”以来，万松书院以公益红娘的姿态，每周六上午为杭州人提供相亲平台，受到越来越多人的关注和参与。境内外媒体争相报道，万松书院由此名声大振。但“万松书院相亲会”犹如一把双刃剑，一方面大大提升了景区的知名度和美誉度，然而另一方面也使很多人只要一提起万松书院，就认为是相亲的地方，却鲜有人知晓这里曾是浙江省的最高学府。为此，书院也采取了一系列的补救措施。2007年2月26日，万松书院与浙江青年时报、浙江省对外服务公司国际教育培训中心合作，共建“万松讲堂”，力邀著名学者、北京师范大学于丹教授举办“儒道相济——构筑人格两岸”主题讲座，为“万松讲堂”拉开序幕。同年3月，又请台湾著名女作家曹又方开办《一个女作家眼里的城市生活品

2002年10月1日万松书院开园之际，王国平等领导到场祝贺（李忠　摄）

质》主题讲座。同时，开办了诸如阳光读书会等主题活动，努力扭转万松书院在公众心目中的形象。几次活动获得社会各界的热烈反响，特别是学术界的人士，都认为万松书院是杭州最适合开办国学文化课的场所。很多学者表示只要是为传播中国传统文化来办学，即使免费授课也愿意；有的甚至表示：能在王阳明先生授课过的地方来开堂讲课，其实是种荣耀。但苦于基础设施的局限，万松讲堂并未成为一种常态出现在人们的生活中。

但这并不影响万松书院成为越来越多人喜爱的景点。2007年10月，在杭州市政府推出的“三评西湖十景”活动中，万松书院凭借其浓郁的文化氛围、动人的梁祝爱情传说以及独具一格的亲和力，在专家、游客、市民的共同推荐下，从145处参选景点中脱颖而出，以“万松书缘”之名位列新十景。在历年的杭州市最佳公园的评比中，万松书院一直名列前茅，2005年更是被授予年度“最佳公园”称号，2006年被列为“双最”免检公园，2007年被授予“双最”示范窗口。

二、游览胜迹

(一) 楼堂馆阁

1.万松门·仰圣门·毓粹门

万松门即书院的大门或头门，初为明弘治间浙江右参政周木所建。万松岭位于杭州城南，自唐代起就以青山松涛、沙堤明月的诗般意境闻名于世。至清雍正八年（1730）则被列入“西湖十八景”，名曰“凤岭松涛”。书院因建于万松岭之巅，即沿用岭

万松门

仰圣门

名，大门也由此得名。

2002年重建后，万松门仍为书院的主入口。为适合现代旅游的需要，两边台阶呈“八”字形建造，以保证节假日客流量大的情况下可以快速疏散。花岗岩挡墙主体浮雕“梁祝”三年同窗的场景，左右两侧上方的浮雕则分别为古代求学、拜师的画面。几幅浮雕含蓄地点出了重建后书院的文化主题：这里曾是明清知名学府，传说中的梁祝爱情萌发之地。挡墙石栏上有“万松书院”额。

仰圣门为一座面阔三间卷棚式硬山建筑。门额横匾上书“高山仰止”四个大字，祝遂之书。“高山仰止”取意于司马迁《史记》中对孔子的赞语“高山仰止，景行行止，虽不能至，然心向往之”，表达了对孔子的无限尊崇和敬仰。门两侧有柱联：

松岭仰弥高，万仞宫墙，居仁辅义；
杏坛瞻在迩，一堂弦诵，圪雅扬风。

松岭即指万松岭。全联意谓：来到万松书院，油然而生“仰之弥高”

毓粹门

的感觉；孔子学识高深，品德高尚，而其核心就是崇尚仁义。万松书院是传统讲学之处，就应像孔子当年在曲阜聚集弟子弦歌讲诵一样来弘扬诗教。王翼奇撰书。

明、清时期的仰圣门亦为三开间，中间双门，平时紧闭，只有在帝王驾临、喜庆大典、迎接圣旨、春秋大祭时才在十三响礼炮中开启。

毓粹门为万松书院的内门，亦为过道门。门额横书"毓粹"两字，白底黑字，素朴淡雅，意为万松书院是培养有学问、有道德人才的学府。朱关田书额，字体端庄遒劲，笔力稳健。门两侧有清代浙江巡抚杨昌濬撰联：

人只此人，不入圣便作狂，中间难站脚；
学须就学，昨既过今又待，何日始回头。

人格品德最高的人可称圣人，自儒家定于一尊之后，特指孔子为圣人。《论语·子路》："不得中行而与之，必也狂狷乎！狂者进取，狷

萬松書院

者有所不为也。”《集解》：“狂者进取于善道，狷者守节无为。”对联意为：一个人或学习圣贤之道，或为狂狷者，其他没有道路可选择；治学要珍惜机遇，把握时机，否则事后追悔就来不及了。此联由郭仲选先生补书。

“品”字石坊（邵群　摄）

2. “品”字石坊

牌坊有旌表之意。据《嘉靖仁和县志》记载：万松书院外有万松门、“万松书院”石坊，西有“德侔天地”石坊，东有“道冠古今”石坊……

重修后的3座石坊呈“品”字型排列，雄伟凝重，气势磅礴，蔚为壮观，是万松书院的标志性建筑。石坊阳额分别代表着书院历史上的三个重要时期：即明代万松书院时期、清代太和书院时期和敷文书院时期。阴额多为对孔子的赞语：“德侔天地”赞颂孔子的贡献如同天地一样博大；“道冠古今”赞颂孔子的主张从古至今都是最好的；“太和元气”赞颂孔子的思想如同天地生育万物一样，指导了人们的思想和活动。3座石坊呈“品”字型排列，也包含着“做人要有人品，为官

主石坊

要有官品”的深刻寓意，对今天也有着一定的警示意义。主石坊呈南北向，高约10米，面阔8米。阳额为姜东舒先生所书的“万松书院”，阴额“太和元气”为马世晓所书。其余两坊呈东西向，相向而立，高约8米，面阔7米。左石坊阳额“太和书院”，刘江书；阴额“德侔天地”，吕迈书。右石坊阳额“敷文书院”，沈定庵书；阴额“道冠古今”，林剑丹书。

三坊皆为三间四柱石坊，歇山顶，翘角凌空，坊脊两端堆塑龙首鱼尾的“鱼化龙”造型，喻学子只要一心向学，跃过龙门（通过科举考试），就可脱胎换骨，成为人中龙凤。护柱前后为抱鼓石，上饰波浪纹。各坊雕饰有二龙戏珠、丹凤朝阳、狮子滚绣球、鲤鱼跳龙门以及蕴含“福、禄、寿”等吉祥寓意的瑞禽祥兽图案，镂空浮雕，逼真传神。从坊顶部的火焰珠、鸱吻、脊板以及虎头牌，到花坊、花窗、盾目、雀替等构件，无不精凿细作。石坊布局合理，结构严谨，雕刻精美，寓意深刻，无论在建筑上还是在文化内涵上都堪称精品。

3. 居仁斋·由义斋

据晚清《敷文书院志略》载：明道堂左侧有居仁斋，右侧有由义

居仁斋

斋。两斋于明嘉靖三十三年（1554）由杭州知府孙孟重建万松书院时建，为古代学生自习和住宿的场所。现分别辟为中国书院、杭州书院和万松书院的历史文化陈列室。

两斋皆悬有隶书横匾，分书“居仁斋”、“由义斋”，浅底黑字，工整清秀。其中“居仁斋”由沈定庵书，“由义斋”为俞建华书。书体均为隶书，然其运笔的气度、结体的稳健却各有千秋，常有行家驻足观赏，赞叹不已。居仁、由义两斋斋名源出《孟子》“居仁由义，体用已全”之句，意思是一个人拥有仁义之志就拥有了一切，表现了儒学所提倡的一种思想境界。

居仁斋有清代著名学者俞樾撰联：

四时之乐俱在于此；
六艺之义不属于斯。

礼、乐、射、御、书、数这六种科目在古代被称为“六艺”，而“仁”则为统率六艺的纲。对联意为：仁者乐山，居于仁则四时皆乐，

由义斋

切斋名。唐诗祝重书。

由义斋有清代崇文书院山长胡敬撰联：

> 闭户自精，云无心以出岫；
> 登高能赋，文异水而涌泉。

“云无心以出岫”语出陶潜《归去来兮辞》。“登高能赋”则出自于《汉书·艺文志》：“不歌而颂谓之赋，登高能赋可以为大夫。”对联意为：要像山中的白云那样不为俗世所惑，关起门来潜心攻读，就可造就精深的学问；具备“登高能赋”素质的人，其文章固然不同于水，但其文思却可如泉水般喷涌而出，不可遏止。诸涵补书。

4. 明道堂·正谊堂

明道堂位于书院的中心位置，是古代书院的教学重地和举行

明道堂

重大活动的场所，也是书院的核心部分。明弘治十一年（1498），由浙江右参政周木始建，时设讲堂五开间，宽绰宏敞。嘉靖三十三年（1554），杭州知府孙孟重建后改称明伦堂。清代又称文昌宫、正谊堂。历明清至今，屡毁屡建。几百年间，称谓几经更改，然其功能一直未变：是书院集中授课的场所，为先生“传道、授业、解惑”的讲堂。

历史上的明道堂轩敞宏丽。现建筑为2002年重建，五间单檐歇山顶，砖木结构，白墙黛瓦，建筑面积近200平方米。前后有门，后门开启可直通大成殿。檐前悬有“明道堂”横匾，金字黑漆，为金鉴才先生书。《汉书·贾谊传》：“忠臣之事君也，言切直则不用而身危，不切直则不可以明道。”“明道”即申明道理之意。

堂内正中悬有“正谊明道”横匾，取自康熙帝赐“正谊明道，养士求贤”联意。堂后正中亦悬一横匾：“四壁书声”，为2004年增补。明道堂现有“中国科举文化风俗大观”的陈列。

正谊堂（邵群　摄）

明道堂有清代著名学者俞樾撰联：

倚槛俯江流，一线涛来文境妙；
迎门饮湖渌，万松深处讲堂开。

联意为：凭栏俯瞰钱江，汹涌而来的“一线潮”仿佛能拓展思路，给人奇妙的创作灵感；松涛深处的书院，只要打开门窗就可看见清澈秀美的西湖，这里正是个读书的好地方。郭若愚于2002年补书。

又有清代浙江巡抚蒋益澧撰联：

浙水重敷文，看此山左江右湖，
千尺峰头延俊杰；
英才同树木，愿多士春华秋实，
万松声里播歌弦。

正谊堂（邵群　摄）

联意为：浙江是重视发展文化教育的地方，万松书院左傍钱江、右邻西湖，高耸的山峰就像引领学子的才能出众的人；培育优秀的人才如同种植树木一样，但愿万松书院能培育出更多的人才，春华秋实，让礼乐教化的乐章在凤岭松涛声里传播。本联巧妙地将康熙帝御题的“浙水敷文”四字融入了其中，把万松书院特有的自然环境和办学传统抒发得淋漓尽致。张海重书。

又有清代浙江巡抚马新贻撰于同治五年（1866）重建书院后的对联：

> 两字仰奎章，二百年雅化作人，幸如今偃武修文，依旧重华日月；
> 万松留讲院，东西浙英才乐育，愿多士读书经世，增光有美湖山。

联意为：自康熙帝赐额以来，万松书院办学又近二百年。书院高尚的学风培育着人才，又幸逢太平盛世，书院继续传播着圣贤的道统，如日月之重辉；万松书院是孕育人才的沃土，希望有更多的士子学业有成，造福社会，为美丽的西湖山水增光添彩。刘江重书。

正谊堂位于书院西侧石林的圭峰上，面阔三间，硬山顶，也是书院的讲堂。始建于清康熙五十五年（1716），由浙江巡抚徐元梦在明道堂旧址上重建。正谊堂与明道堂一样同为书院的讲堂，是老师给学生集中授课的地方。2002年重建万松书院时，明道堂作为“中国科举文化风俗大观”的陈列室，未能体现古代书院的讲学功能。为使万松书院能够完整地再现古代书院的藏书、祭祀、讲学功能，让游人对古代书院的教育形式有更直观的认识，2004年，杭州市政府又拨款复建讲堂即正谊堂。

正谊堂檐前悬有“正谊堂”横匾。正谊之意与明道相仿，同出于康熙帝所赐的“正谊明道，养士求贤”之句。檐柱有清代旧联：

山川佳色澄悬镜；
松桂清阴静读书。

松的挺拔是读书人推崇的品德，蟾宫折桂更是他们奋斗的目标。此联一语道出：有着优美的自然环境的万松书院是最适合读书的好地方，更是可以帮助学子实现心中理想的地方。

堂内正中悬有“务求真实”横匾。两侧有联：“正谊明道；养士求贤。”其意为端正行为，阐明道统，直接地点出了清代万松书院是为统治阶级输送人才的培训基地这一事实。“务求真实”是万松书院几百年来的办学宗旨，与著名的岳麓书院的校训“实事求是”如出一辙。

重建后的正谊堂四周石林簇拥，古藤环绕，林木葱郁，特别幽静，其内部陈设也是按照传统的讲堂进行布置的，居中为《孔子行教图》，两侧为万松书院《学规》和《章程》，是中外学者讲学和学术研讨的理想场所。周围大片的铺装和石桌石椅，可供百余人同时驻足休憩。

5. 颜乐亭·曾唯亭

两亭位于大成殿前，是万松书院最早的建筑之一。明正德十六年

颜乐亭

曾唯亭

（1521），刑部尚书洪钟所撰记文中载："……偏左（原）有亭三间，匾曰'颜乐'。……又于前右建亭三间，匾曰'曾唯'，以对颜乐亭。"由此可见，明弘治十一年（1498）已建有颜乐亭，面阔三间，位于大成殿左侧。明正德十六年（1521）重修书院时又建曾唯亭，与颜乐亭对应，位于大成殿右侧，规制与颜乐亭同。

2002年重建时，两亭为御碑亭。颜乐亭内有康熙御题"浙水敷文"碑。康熙五十五年（1716），圣祖玄烨御赐"浙水敷文"额，意为：一方水土养一方人，浙江山水是培育文人的沃土。对浙江及万松书院重视教育的传统给予极高的评价。同治年间，浙江巡抚马新贻对"敷文"的理解则为："敷者博之谓也，学者因文见道以广其业，则驯入圣域而不难。"曾唯亭内有依据原拓件重刻的乾隆御题诗碑。

6. 大成殿·毓秀阁

大成殿取孟子"孔子之谓集大成者"的语意，赞叹孔子的思想已达到了集古圣先贤之大成的至高境界。大成殿是师生们祭祀孔子及历代儒家先贤的场所，是师生施礼的地方。

明弘治十一年（1498），浙江右参政周木在原报恩寺废址上初创书院时始建，称孔子殿。明正德十六年（1521）重修。明末毁于兵火。清初重建。以后屡毁屡建，不下5次。名称也多有变化，如孔子祠堂、夫子殿、圣殿、大成殿等等。

大成殿建于高台之上，砖木结构，歇山顶，重檐翘角，庄严宏伟。前有檐廊，朱栏画栋，古香古色，天花彩绘为传统桃李图饰，喻"桃李满天下"之意。殿外悬贴金竖匾"大成殿"，匾四周嵌有九龙祥云。檐柱有清代著名学者朱彝尊撰联：

> 入则孝，出则悌，守先师之道以待后学；
> 颂其诗，读其书，友天下之士尚论古人。

意为要努力诵读孔子的著作，与品行高尚的人交友，进而追论古人，达到更高的境界。陈振濂重书。

大殿庄严、朴素。殿内左、右两侧各有四幅壁画，内容都是与孔

大成殿

子生平有关的故事。

大成殿中有康熙帝手书“万世师表”匾额，正中为孔子及“四配”的木雕坐像。孔子像高2.7米，着十二章之服，头戴十二旒之冕，手执镇圭，一如古代天子礼制。像前置一木主，上书“大成至圣先师孔子神位”。孔子像是以山东曲阜大成殿中的孔子像为母本，经中国美院教授再创作、东阳木雕大师精工雕琢而成，突出表现孔子容貌之端肃、体格之魁伟，令人望而起敬。

“四配”像分别位居孔子像两侧，高2.2米，着冕服，九章九旒，手捧躬圭。“四配”即复圣颜子、宗圣曾子、述圣子思、亚圣孟子，都是儒学的代表人物。孔子左侧依次为颜子、子思像，像前各置一木主，分别书“复圣颜子之位”、“述圣子思之位”。颜子名回，字子渊，是孔子最得意的弟子。子思，名孔伋，孔子之孙，受业于曾子，其门人传业于孟子，形成“思孟学派”，相传著《中庸》。孔子右侧依次为曾子、孟子像，像前各置一木主，分别书“宗圣曾子之位”、“亚圣孟子之位”。曾子名参，字子舆，传业于孔伋，相传著《大学》、《孝经》。孟子名轲，字子舆，著《孟子》一书，其学说、影响和地位仅次于孔子。

孔子及“四配”塑像

壁画《泰山问政》、《舞雩从游》

大成殿前园林小景

孔子位前供桌上供奉陈列司母戊大方鼎一、豆二、大爵二、四羊方尊一、折觥一、簋二等青铜礼器。“四配”像前则略少。殿前另置一青铜香炉，重檐兽足。这些青铜礼器是重建时参照史书中的记载制作，工艺精湛，品种丰富，展现了万松书院严格的祭祀制度和齐备的祭器。两侧墙面用壁画形式展示孔子行教图，分别为杏坛设教、读《易》有感、舞雩从游、泰山问政、子贡辞行、忠信济水、侍席鲁君、礼堕三都。

后门开启可直达民国时期牌坊。有清圣祖玄烨南巡临幸书院时所撰的对联：

萦回水抱中和气；
平远山如蕴藉人。

“萦回水”暗喻钱塘江（之江三折）；“蕴藉”典出《后汉书·桓荣传》“荣被服儒衣，温恭有蕴藉”句，意为宽容广博。此联从山水环境切入，给予书院极高的评价。惜无确切年月记载。王伯敏重书。

毓秀阁为明嘉靖四年（1525）侍御潘景哲始建，后又有多次重建或维修。时位于书院中心，是书院主要建筑之一，“翼以精舍，以待四方游学之士”，是专门用于接待来自各地的访院学者。

2002年重建，位于中轴线的左侧，芙蓉岩独立石旁。为砖木结构建筑，悬山顶，面阔三间，两层。二层有“毓秀阁”横匾，红底黑字，王澄重书。

 毓秀阁

山色当窗，松声拂院，无数栋梁材，端赖读书万卷；
文明古国，礼义名邦，几多风雅事，正宜垂范千秋。

窗外有青翠的山色相映，有阵阵松涛声相伴，博览群书造就了无数栋梁之材；中国是文明古国、礼仪之邦，有太多的风雅之事足以作为传统留传千秋万代。

毓秀阁一楼现辟为“梁祝”书房。传说，中国四大民间故事之一《梁山伯与祝英台》中的男女主人公曾在万松书院同窗共读三年。重建后，特辟“梁祝”书房，用东阳木雕、壁画、多媒体等艺术表现手法，将与书院相关的故事情节——草桥结拜、三年同窗、十八相送一一再现，虚拟出“梁祝”在此同窗共读的场景。

毓秀阁二楼现为书院藏书楼，收藏部分典籍。中堂有王其煌

“梁祝”书房

撰句联：

> 旌表奎章留史迹；
> 松涛竹韵拟书声。

上联说书院有声名显赫的历史；下联指此地虽已不复见当年读书讲学之盛况，然环境清幽，仍有不同凡俗的神韵。

7. 民国时期平台

民国时期平台位于中轴线的最南端，为民国时期的遗迹，是杭州市市级文物保护单位。现尚存一对石狮、一堵照壁及嵌入其中的孔子线刻像碑。2000年3月，杭州市园文局曾对该遗迹进行保护性维修，依照文物修旧如旧原则，保留民国初期的建筑风格。照壁上书“万世师表”，中间嵌孔子线刻像碑。碑篆额16字：“德侔天地，道冠古今，删述六经，垂宪万世”，中用线刻镌身着十二章之服、头戴十二旒之冕、端坐于九龙椅上的孔子像。落款为：“民国丙戌裔孙庆臣重镌。”应为1948年孔子后裔孔庆臣按照《敷文书院志略》中的“宋石刻至圣像”形制重镌，惜已多处被凿毁，但从残存部分仍可看出其精湛的雕刻技艺。

民国时期的遗迹尚有一座水泥牌坊，原位于主入口，现已移至侧门车道入口处。

照壁·石狮

民国时期牌坊

8. 观风偶憩亭 · 见湖亭 · 可汲亭 · 节义亭

观风偶憩亭位于民国平台左侧山坡上。初为雍正年间浙江巡抚朱轼所建，朱轼题额“玩心高照”。雍正四年（1726），浙江总督李卫重修书院时改为“观风偶憩”额。观风偶憩亭翘角凌云，为一木构建筑，四柱四面，东面靠山，西面檐前有横匾“观风偶憩”，由来海鸿补书。徐弘道撰书柱联：

坐怜彩蝶微风处；
静看青山小憩时。

观风偶憩亭

静坐于青山合抱的亭中小憩，遥想“梁祝”化蝶的故事，亦为人生雅事。

见湖亭位于书院西侧石林的芙蓉岩上。庑殿顶，面阔三间，周围有美人靠供游人休憩。东面檐悬“见湖”横额，杨西湖书。柱联为：

> 水气山风齐送爽；
> 湖光人影两相怜。

岚风与水气拂面而来，令人神清气爽；湖光人影，两相怜爱。既写万松书院环境幽雅之意，又暗喻“梁祝”三年同窗的情谊。吴仲谋撰句，陈为民书。

西面亭檐有“湖山萃秀”横额。此额原为乾隆四年（1739）高宗弘历御赐，现由沈立新重书。费之雄撰书柱联：

> 环山皆秀色；
> 临水自清心。

见湖亭

既描写万松书院的秀美景色，又书写了读书人高洁自尊的心境。

见湖亭最早出现于明代著名方志撰写人田汝成之子田艺蘅《游万松书院侍阮宗师与杨秋官弈见湖亭修真率会晚别江津有作》的诗名中。见湖亭面湖处是万松书院的最佳观景点，明代有一位诗人登临此处，但见风景如画，便诗情难抑，赋诗曰：

山疑墨沈水疑笺，米大游人蝇大船。
一幅武林奇妙画，笑予喜画万松巅。

可汲亭位于书院西侧。据明代田汝成《西湖游览志》载：书院有四个亭子，分别称振衣、见湖、可汲、依云。可汲、依云两亭皆为周木所建。由此可见，可汲亭是书院最早的建筑之一。今重建的可汲亭为木构建筑，攒尖圆顶，屋面覆草，俗称“草桥亭”，暗合“梁祝”草桥结拜的场景。檐下有“可汲”额，王逸生书。

节义亭位于书院西侧山麓，清同治年间由钱塘县令为京师书生崔升夫妇而建，旁有“双吊坟”。今以俞樾《春在堂随笔》中的记载为

可汲亭

节义亭

据，在原址上重建仿木方亭，亭檐有“节义亭”横额，陈进书。亭内有青石碑，碑额浮雕双鸟戏竹图，喻崔氏夫妇的恩爱与高洁。阳面阴刻“双节义”3个大字，同为陈进所书。背面有重建碑记。

观音堂中的观音像

9. 观音堂

观音堂位于浣云池西侧。“梁祝”故事中的十八相送之路，传说就是从书院出发的。“梁祝”途经观音堂，祝英台请观音菩萨做媒，假借家有九妹欲许梁山伯为妻，然山伯并不

观音堂

知道这其实是英台的芳心暗许，依然懵懂。现多有善男信女前来观音堂求姻缘天成，或许真的有灵验吧，经常会看见有人给菩萨披衣送花的来还愿。

（二）泉池井瀑

1. 泮池

泮池位于中轴线东侧，即“太和书院”石坊后。它是书院中的重要建筑，形状呈半圆形，具有象征意义。《礼记·王制》：“大学在郊，天子曰辟雍，诸侯曰泮宫。”辟雍即四周环水，泮宫即半池环水。《五经通义》指出：“诸侯不得观四方，故缺东与南，半天子之学，故曰泮宫。”因此古制学宫都引水辟池，形如半月，称泮池或月池，学生上学也称为“入泮”。初建时的万松书院规制略似学宫，故亦设有泮池。

重建后的泮池中睡莲飘浮，红鲤游动，绿莲红鱼，相映成趣。周围环以青石栏板，排水处缀以螭首，池西中壁刻杨西湖先生所书的“泮池”两字。池之东南为茗露芗茶寮、芷兰轩餐厅、游客接待中心，是供游人品茗、用餐、憩息、服务的服务区。

泮池雪景（邵群　摄）

2. 浣云池

浣云池为唐报恩寺旧景。《西湖游览志》有载，报恩寺是唐宋时期杭州的大寺院，文人骚客常往来其间，啸傲吟咏，留下了大量的诗篇。其中最著名的有唐代著名诗人白居易的《浣云池》及宋代大文豪苏轼的《万菊轩》。白居易诗曰：

白云本无心，卷舒长自洁。
影落一鉴空，可浣不可涅。
鸢飞鱼跃间，上下俱澄澈。
此意难与言，览之自怡悦。

写出了浣云池的空灵及诗人的怡然自得。苏东坡亦有诗赞万菊轩的珍品菊花，曰：

一轩专为黄花设，富比人间万石君。

浣云池（刘华　摄）

佳本尽从方外得，异香多在月中闻。
引泉北涧分清露，开径南山破白云。
此意欲为知者说，陶潜犹是未离群。

双照井

2002年重建浣云池。水系从可汲亭一直漫延至“光绪十有八年”摩崖下，积水成池。摩崖处有一挂瀑布飞泻而下，注入池中。池水清澈见底，中有小鱼游弋，白鹅嬉水，古幽雅静中又觉生机无限。

3. 双照井

双照井位于“品”字型牌坊西侧，与观音堂一样，都是“梁祝”十八相送途中的场景。“梁祝”又经双照井，英台指着水中的倒影对山伯说：你看，一男一女笑盈盈。山伯恼道：你怎能将我比女人？如今，来书院游玩的游人喜欢去双照井中照一照，想想故事中英台的慧黠、山伯的痴憨，总是忍俊不禁，发出会心的笑声。

石匣泉

4. 石匣泉

石匣泉位于书院西侧留月崖。据《敷文书院志略》载：泉水被四周山石合抱，犹如装入石匣之中，故名石匣泉。古时泉水清冽，汩汩潺潺，顺流而下，直至浣云池。现泉水已干涸，徒留“石匣泉”三字在石壁上，但四周景色依然恬静宜人。

（三）花鸟鱼虫

1. 杜鹃

闲折二枝持在手，细看不似人间有。
花中此物是西施，芙蓉芍药皆嫫母。

白居易诗中赞美的是“花中西施”杜鹃花。杜鹃又名映山红、山石榴、红踯躅，素有“木本花卉之王”的美称，是中国十大名花之一，有着吉祥和幸福的美好寓意。万松书院品字型牌坊通往仰圣门的台阶两侧种植了万余株杜鹃。每年春天，当柳浪的樱花落了，白堤的桃花谢了，就轮到书院的杜鹃争芳吐艳了。这时（每年的4月初到月末），杭州市气象局会同杭州市园文局进行物候观测，并结合天气分析，形成“今日杭州生活气象指数”向市民发布，其中“杜鹃花观赏期预报”一条主要是向市民发布万松书院杜鹃花开花率及观赏期，可见万松

书院杜鹃（李忠　摄）

争芳吐艳（王巽庠　摄）

书院赏杜鹃已成了杭州人生活的一部分了。

2. 呆头鹅

不论是“非典”前饲养的真鹅还是之后的雕塑，书院里的呆头鹅很受游客青睐，“上镜率”颇高，看见它仿佛就看见了当年与英台一起漫步在十八相送途中那位不解风情的梁兄；看见它仿佛那浪漫的故事真的发生过；看见它仿佛这故事还在继续……

争芳吐艳（王巽卮　摄）

书院赏杜鹃已成了杭州人生活的一部分了。

2. 呆头鹅

不论是“非典”前饲养的真鹅还是之后的雕塑，书院里的呆头鹅很受游客青睐，“上镜率”颇高，看见它仿佛就看见了当年与英台一起漫步在十八相送途中那位不解风情的梁兄；看见它仿佛那浪漫的故事真的发生过；看见它仿佛这故事还在继续……

十八相送（邵群　摄）

乐园（朱桂忠　摄）

梦蝶

3. 锦鲤

书院几方水池中都养着象征吉祥幸福，素有水中“活宝石”之美称的锦鲤。书院的鱼儿也仿佛深受书香瀚墨浸润，知书达理，游人只需拍拍手，鱼儿就如听到号令般齐集过来，于是碧水红鱼，相映成趣，人鱼相戏，悠哉悠哉……

4. 蝴蝶

蝴蝶是最普通不过的昆虫了，然而只要在书院出现，就会引来一阵阵的欢呼声。在游人的眼中它们就是梁山伯和祝英台。因为

这是一个世人皆知的梦。
梦中的蝴蝶，轻盈翻飞，快乐自由。
这是一个古今皆有的梦。
梦中的蝴蝶，缠绵情爱，铭心刻骨。
这是一个人人向往的梦。
梦中的蝴蝶，是山伯是英台，更是天地间真爱的隽永。

天人合一

（四）四时幽赏

1. 四时美景

书院早春（王巽辛　摄）

紫藤花开

灿如夏花（邵群　摄）

古壁秋风（邵群　摄）

冬景组图（邵群　摄）

雷峰夕照（刘华　摄）

2. 雷峰夕照

张岱有诗："时有熏风至，西湖是酒床。醉翁潦倒立，一口吸西江。"不知诗人是否站在见湖亭遥望雷峰塔而发出如此感慨的，不过在万松书院见湖亭赏"雷峰夕照"确实与别处不同，这里最能在暮色苍茫中体味到黄昏时西湖的诗意……

3. 石林探幽

石林位于书院西侧，按岩石体量、形态的不同被古人形象地分为三部分，命其名曰：圭峰、芙蓉岩、留月崖。那里秀石巉岩，青苍玉削，累累然不可胜数，所以前人说"万松之胜以石"。石林上原本是没有路的。明嘉靖年间，浙江左布政使顾璘偶与友人至书院游玩，见群石蒙翳，感觉辜负了上天的造化。于是，共议"疏抉之役"，斩荆棘，芟蓬蒿，平险通碍，蜿蜒石间。从此，游人可攀缘而上，直至山巅。明代，石林上依山筑了一些亭台楼阁，如振衣、依云、可汲、见湖亭、留月、玉

壶台、魁星阁等。后代亦有增建，如掬湖台、观风偶憩亭等。

石林为书院风景绝佳之地。古人赞曰：

> 留月崖头圭石峰，万千削出碧芙蓉。
> 振衣直上依云止，倚遍闲亭看古松。

漫步石林，近可赏奇石古藤、芝兰芳草、桃李松竹、名人题刻，远可眺左江右湖，俯瞰“烟柳画桥、风帘翠幕、参差十万人家”。儒雅之士、文人骚客常在此倚石听松风、举杯邀新月。寄情山水之余，兴之所至，便挥毫泼墨，留下了大量的赞美诗篇和摩崖题记。这些珍贵的遗产让后人在游石林时也产生对“看花酌酒枕石卧，白云冉冉生我衣”美妙意境的共鸣。

如今，从书院大门往西，有好几条园路是通往石林的：敷文书院牌坊下、仰圣门前、民国平台西侧都可以登上石林。但沿浣云池畔石

书院古藤

径，经可汲亭、观音堂再至石林的这条游路，最能领略石林景秀、石奇的特色。

沿石径拾级而上，曲径通幽，最先到达的是圭峰。圭峰群石体量硕大，玲珑瑰异，或如列队争雄的战士，或如云涌波幻的天际。而且随着游人观赏角度的不断变换，这些石块仿佛也有生命一样，又能作出千姿百态来。齐召南山长特别钟情圭峰，他将这里的岩石分成两类：一为天然动物园：

丹穴依凤巢，青霄压鹏背。
神蛟奋引群，巨象整列队。
眈眈虎负隅，飘飘骏历块。
斫砺犀兕角，击张雕鹗喙。
罴卧道纵横，狮睨毯向背。

你看，这里有展翅的大鹏、搅动的蛟龙；有列队的巨象、奔腾的骏马；有猛虎、雄狮、懒熊、飞雕……

圭峰（邵群　摄）

另一类则酷似人的各种形态，画活了众生相：

杰者挺昂藏，贤者表盎晬。
低者企追攀，高者垂眄睐。
傲者悍直前，谦者供而退。
巧者窍玲珑，拙者貌褦襶。
蹲伏智聚谋，超腾勇敌忾。

圭峰没有一处摩崖题记，可能古人也不忍心在这些惟妙惟肖、有生命的石头上刻字，唯恐凿痛了沉睡中的精灵们。

在曲折蜿蜒中不觉来到了一处平地，眼前豁然一亮。左边有亭翼然，为见湖亭。见湖亭是整个万松书院的最佳观景点：倚亭而憩，就可将湖中三岛、六桥烟柳、远处纤秀的宝俶塔、近处壮丽的雷峰塔一览无余地尽收眼底。亭畔散落着一些石几、石凳，游人至此，或憩于此，或弈其间，其乐融融。古人至此常诗意难抑，留下了“有美”、“登峰”、“高明光大”等摩崖题记及百余首诗。其中，左侧的“开襟”

芙蓉岩

石林小径

是最能体现古人的含蓄与浪漫的。书者将“開（开）”字的门字框写成一人敞衣而立、叉腰纳凉的样子，把游人登临此境的情态描摹得栩栩如生，现代书法大家见之亦无不称奇。仔细揣摩书者之意，游人便更能心领神会：一路攀登，难免耳热心跳、心浮气躁起来，解怀纳凉，叉腰而立，不觉中已是“开襟”。略一定神，眼前似躺着一位巨人，秦望、将台两山正如巨人的双乳，且衣襟微启，若隐若现，那是巨人的“开襟”。而后，清风过处，“左挹湖光澄，右睇江流小”，钱江如带，锦帆点点；西湖若画，花柳绚丽，不觉心胸蓦然舒展，浊气顿消，这不正是更高层次的“开襟”吗？“开襟”的左侧另有一处平地，为书院魁星阁遗址。魁星阁是书院较为重要的一处建筑。当时，“屋后埋奇石，门前列怪松”，也是登高远眺的好去处。据载：这里曾有一古松，形状怪异，却有承露沐雨之姿、凌霜傲雪之节，是书院一宝。遗址现为露天茶座，游人在此可将湖光山色和龙井茶、虎跑水一起喝进心里去。

圭峰、芙蓉岩之间并没有明显的隔断，但石与石的形态却已截然不同。从“开襟”起，这里的岩石就似“芙蓉之未舒”，片片花瓣向上伸展，一直开到民国平台西侧“时雨圣化”石刻旁。一路上，古藤盘结，芳草依依，蝶飞蜂绕。峰回路转处，常有伏如蟠龙、昂如鸣鸟、踞如蹲狮、趋如走兔的怪石挡在面前，还有20多处历代摩崖题记，如“天地万物”、“日光玉洁”、“万古嶙峋”等忽然闯入眼帘，足以让人欣喜不已。在芙蓉岩众多的山石中，卧云石和独立石是其中的“精品”。卧云石位于芙蓉岩中段山冈上，全长约有5米，前端昂首离地，尾部与山体相连。常有游人说它憨然如北极熊，凶残似扬子鳄……100个人会说出100种形象来。古人却早有定论，称其为“卧云”，认为只有云才能瞬息万变，亦只有云才有势欲腾空的灵动。独立石位于毓秀阁院内，整块岩石突兀挺拔，丝毫不与山体相连，个性昭然，独具

卧云石

卓尔不群之态。清代著名文人张文炳刻“独立”、“卓尔”于石上，颇为点睛。

再往上，山路陡然，仅容一人通过，十分险峻。往上攀登二三十米后，眼中山石愈见突兀，忽有一石巷曲折，引人入胜，这时便到留月崖了。留月崖是万松书院最幽静之处。一入石巷，便见望湖石。登上望湖石再看西湖，西湖的湖岸线便会以一种全新的姿态展现。康熙年间的巡抚张鹏翮在此写下了“山水多情似画图，瑞云深处见城隅”的

留月崖

诗句。石巷拐弯处有“宝座”、“石倚”两处题刻，四周山石或如猛虎下山，或似雄狮怒吼，凶悍毕现，而诗人却说：“人云虎头最痴绝，迎繁送谢世所稀。”留月崖原有清泉，泉水被四周山石合抱，犹如装入石匣之中，故称石匣泉。泉水清冽，汩汩潺潺，顺流而下，直至浣云池。现泉水已干，徒留“石匣泉”3字，但景色依然恬静宜人。

留月崖旧有留月台、玉壶台，诗人们常在此“坐石弄花忘却归”，且留下了：“玉壶台边富奇石，一花一石相回环”、“一亭梅影影还无，曲折春风绕玉壶”、“桃花解笑石解语，先生底事扃岩扉”等意境深远、脍炙人口的诗篇。

留月崖往南，出万松书院后门，往左可沿石阶至凤凰山巅的凤凰亭，登临山顶即可“左揽明湖妍，右眺江海汇”。往右沿石阶往下约500米，可至南宋修内司官窑（即老虎洞窑址）。一直往前，沿山道可至南宋皇城遗址、圣果寺遗址、排衙石诗刻……

总之，漫步山中古道，会有无数的精彩默默地等着懂得欣赏的人们。

三、奇闻轶事

（一）乾隆帝六次临幸

万松书院是在地方政府的扶持下开创的，一直备受官方重视。至清康熙、雍正、乾隆时，这种重视已达到极致。清康熙五十五年（1716），圣祖玄烨赐"浙水敷文"额，遂更名为"敷文书院"；同时，又御赐《古文渊鉴》、《渊鉴类函》、《周易折中》、《朱子全书》等典籍。雍正十一年（1733），受朝廷颁赐经籍，延师督课，赐为省城书院，十一郡诸生肄业其中。清高宗弘历执政后，一心效圣祖、学尧舜，立志做一代圣君，因此对于万松书院给予更多的关注。乾隆元年（1736），即颁诣"慎选师儒以居讲席"，使万松书院人文蔚集。

为争取汉族地主阶级的支持，进一步笼络江南士子，在政治上维系民心，有利于巩固国家的统一和加强满汉的联合，在经济上推动对河工、海塘工程的治理，文化思想上提倡汉学并优容选拔一批优秀的文人学者，弘历效仿其祖父玄烨，在执政的六十年中，先后六次下江南巡视。

万松书院被视作江南书院的典型，弘历六下江南六次"翠华巡幸"，且广儒童额。第一次巡临是在乾隆十六年（1751）三月，时桑调元先生任山长。年届40的弘历精力充沛、兴致勃勃，巡视后即当场赋诗，给予书院极高的评价：

松冈回首望祇园，讲舍层阶喜得门。
气助湖山钟远秀，道传孔孟有真源。
清游只欲心无逸，名教何非乐所存。
嘉尔青衿真济济，嗣音实行勉相敦。

又命在院诸生和韵。当时书院有103名学生参加了“恭和御制诗”。有宁波鄞县籍学生屠可堂在众生中脱颖而出，恭和曰：

睿藻缤纷春满园，赓扬多士拟桥门。
道隆棫朴薪槱化，心沦江淮河汉源。
复旦光华文诏远，千秋风雅教思存。
从兹标识湖山胜，劝勉还将百行敦。

屠可堂的才华受到弘历的赞赏，被钦取为一等一名，召至孤山行宫门前，赏赐彩缎。第二年，屠可堂中举，考授教习分发云南，后官至白盐井提举。著有《霞爽阁诗钞》。

除学生外，书院教授和地方士绅为表忠心、显才华，也纷纷恭和御制诗。在众多的和诗中有两首较为突出，一是侍郎张藻川《恭和御题敷文书院元韵》：

湖山到处足林园，松岭云深护礼门。
讲院宏开论秀士，銮舆暂驻契心源。
文章报国情应共，温饱平生志莫存。
凤翙梧栖沾圣泽，岂惟率土颂安敦。

另一首则是校官沈樾的《圣驾幸敷文书院恭和御制原韵》：

乾隆写字像

琳琅翰墨迈西园，多士咸宗道义门。
地应斗牛钟间气，春当风浴溯灵源。
龙章宠锡恩波渥，凤辇时巡教泽存。
文治光华昭盛典，儒修从此日加敦。

乾隆二十二年（1757）三月，46岁的弘历再巡书院，并题咏：

崇儒因广学，设教幸敷文。

砥砺先修已，圭璋待致君。
两京班莫羡，三策董应勤。
讵尚饰其貌，还应尊所闻。
江山诚助秀，华藻欲袪纷。

乾隆二十七年（1762），弘历第三次驾幸敷文书院，叠旧作六韵：

牖民先迪士，筹治在崇文。
尔尚希前哲，吾宁骄大君。
并非事游衍，实欲验修勤。
峰色北轩挹，江声南户闻。
取裁堪契要，稽度贵离纷。
治事兼经义，胡家法出群。

有书院附生沈初恭和御制诗，曰：

岚光回合傍林园，晨巘云开识礼门。
早是六龙辉讲院，定知千圣接心源。
宸章映处文星动，睿藻摅时至教存。
草莽小臣惭握管，承恩多士共相敦。

沈初的文才受到弘历的赞赏。之后，命其参加皇帝亲自组织的特别考试，成绩不俗，即授任内阁中书。第二年，沈初参加会试即以第二名榜眼的优异成绩进士及第，后官至户部尚书。著有《兰韵堂集》。由此可见，弘历求才心切，寻觅方式可谓不拘一格。

乾隆三十年（1765）闰二月，时隔3年，弘历第四次临幸敷文书院，再叠旧作六韵，曰：

湖山孕灵处，忧行不忧文。

讵尚三都赋，谁批五鹿君。
甄身贵方正，绩学要精勤。
卢植刊碑在，戴凭夺席闻。
崇儒临帐绛，程士驻旌纷。
何以对休命，伫惟占毕群。

从第二次到第四次这三次都是由齐召南山长率诸生迎驾的，弘历十分赏识学识渊博且教学有方的齐先生，对他“赏赐优渥”。

乾隆四十五年（1780），阔别15年后，已69岁高龄的弘历第五次临幸敷文书院，三叠旧作六韵：

久矣别书院，重修时对文。
载咨尔多士，何以称尊君。
值此兴学际，应思课读勤。
虚车懔有戒，实地鄙无闻。
雅正原非饰，清真不贵纷。
他年栋梁器，兹日蒯菅群。

15年的岁月飞逝，让弘历感慨万端，他勉励学生要趁青春年少好好学习，把握举国兴学的机遇，“思课读勤”，成为将来的栋梁之才。此次是山长金甡接驾，因迎送有功，受到了皇帝的赏赐。金先生少时即以勤学著名，是乾隆七年（1742）钦定的状元，授翰林院编修。后历任侍讲学士、太子詹事府詹事、礼左侍郎、内阁学士、礼部侍郎等职。在担任詹事府辅导诸皇子的十余年中，廉俭方正，处事无巨细，井井有法度，诸皇子“皆重公之品学”。先生一生提倡后学，爱才如命，是一位德高望重而又博古通今的学者，有诗文数十篇传世。

乾隆四十九年（1784），73岁的弘历第六次敷文书院巡临，四叠旧作六韵：

借问读书者，敷文敷底文。

必先修其已，乃可致乎君。
讵以风云贵，徒然月露勤。
枕经固厥柢，葄史博于闻。
何必妍华尚，翻滋思虑纷。
大端示五字，最矣雅儒群。

这次由仁和（今浙江杭州）籍山长李汴渡迎驾。

弘历六次临幸，对于敷文书院来说，无疑是历史盛事，有力地促进了书院的发展。六次临幸对于其他书院来说是绝无仅有，从而确立了敷文书院在江浙一带的政治地位。弘历每次临幸都有赐书、赋诗、题额。据载，仅初次南巡时，就赐武英殿所刊《十三经》、《二十二史》各一部。当时同享此殊荣的仅有江宁钟山书院、苏州紫阳书院。这样不仅使敷文书院名扬四海，更促进了书院藏书事业的发展。六次临幸，对于书院祭祀、讲学、刊印、经费筹措、内部建设都有着积极的作用。与此同时，也加快了被官府操纵的进程，不再追求自由研究学术，讲求身心修养，办学宗旨亦以科举仕进为目标，成为官学的另一种形式，专为统治阶层输送人才，成为科举的演练场。

（二）齐次风云根觅奇石

“石乐人乐，以石作乐；石身人身，以石修身。石性人性，以石养性；石道人道，以石悟道。”东坡先生的名言，仿佛说的是晚于他500多年后出生的次风先生。

次风先生，姓齐名召南（1703—1768），号琼台，晚号息园，浙江天台人。乾隆二十年（1755）至三十一年（1766）间任敷文书院山长，历时11年，学识渊博，谆谆善导，“讲席造士甚众”，使万松书院名声大振，是万松书院历史上颇具影响的山长之一。

次风先生一生特别钟情奇石，在主持敷文书院的11年中，对书院西侧的那片石林有着别样的情感，在先生眼中，那片石林其实是“天然大假山也”。每日清晨开门即见列队争雄的千百奇石，如云涌波幻，先生真是欣喜不已，执教之暇写下了大量的诗篇赞美这片石林的神奇和神秘。如《书屋西冈石林》诗曰：

古岭名万松，松无一株在。惟见万石林，磊落数千载。
四时总夏云，奇峰峨瑷𨻸。书屋居卷阿，飞阁俯胜概。
自南势可测，拱北理不昧。色经女娲炼，山似灵鳌戴。
丹穴依凤巢，青霄压鹏背。神蛟奋引群，巨象整列队。
眈眈虎负隅，飘飘骏历块。斫砺犀兕角，击张雕鹗喙。
罴卧道纵横，狮睨毯向背。亦有象人生，行坐联朋辈。
欲谈荆班□，得趣兰为佩。驿络起草茅，弯环奉盘敦。
杰者挺昂藏，贤者表盎晬。低者企追攀，高者垂眄睐。
傲者悍直前，谦者供而退。巧者窍玲珑，拙者貌䙰襶。
蹲伏智聚谋，超腾勇敌忾。洞壑幽自迷，蹊径曲如碍。
绣壁蔟芙蓉，匣泉贮流瀣。蜿蜒护峥嵘，魁岸领琐碎。
独立最端严，如圭遥作对。品峻谁安排，笔健畴锡赉。
耸翠蔚氤氲，开襟占爽闿。锦绮市莓苔，斑纹晕玳瑁。
只须就磨崖，那容移作碓。初平叱讵成，熊渠射莫再。
重谢夸娥负，拜任米颠爱。寓目得伟观，怀古发深慨。
武林峦岫佳，骨露尚姿态。星陨记何年，金销人靡悔。
灵鹫镂佛像，紫阳溷尘阓。繁华竞土木，本色失烟霭。
指点□细流，妆饰眩粉黛。何如葆天真，仙境想地肺。
不受斧凿侵，长觉冰霜耐。题咏肇白公，卜筑止冲晦。
宋宫迩伊远，梵宇兴复废。前朝炳图经，参政开荒莱。
祀祠属孔门，游歌待圣代。造士勤岳牧，横经迪俊乂。
秀萃浙东西，房区堂外内。梅竹畅幽贞，荆榛荡无秽。
广寒桂馥郁，新甫柏菱茹。诸生乐鼓箧，入学虔释菜。
元气会太和，敷文未有艾。我皇绳祖武，亲临示训诲。
山既具茨并，石亦群玉配。龙光仰照临，时雨频沾溉。
霁景罗芸窗，卿霭扬彩绘。圭俨执躬桓，器恍陈鼎鼐。
屼峙效屏藩，雄蟠壮边塞。余病懒登楼，今晨为祭赛。

右揽明湖妍，左眺江海汇。即此石岩岩，足豁心愦愦。
融结本化工，连山皆帝綷。若从霄汉观，卷石视嵩岱。

先生终日徜徉于这片奇石林中，摩挲亲抚、晨夕相对，用细致入微的观察和超凡脱俗的想象，神奇地赋予每一块石头以生命。

据说，万松岭原产天然印章石，似矾，隐隐有字可辨。于是，每遇山雨欲来时，先生即带上童子登临凤凰山顶，观察云气，然后“云根拾石”。从奔腾翻涌的云气中，先生辨别彩虹将出、云根所指之处，命童子掘地，如此必能挖到奇石，屡试不爽。这些挖到的石头，只要洗尽外裹的泥沙后，都晶莹夺目，俏丽可人。先生将这些奇石都奉为至宝，集聚数百枚，闲暇之余时常拿出来把玩：有“寒芒最盛，面平角方”的小石镜、有山水、有花卉、有动物、有人物，千姿百态、惟妙惟肖……对着这些“尖成峰、圆成峦、玲珑成洞壑”的石块，先生常常如痴如醉、欣喜不已，还学着东坡先生的样子，“就书几积累观之”，把这些奇石放在书桌观赏，陶醉于“近若湖山，远及宇内名胜”，闭门独享遨游宇内湖山名胜的乐趣。

在先生的锐意穷搜中，还觅得一些似刻有篆、隶、行、草、各种字体文字的奇石，更属天精地脉，日月奇珍。有一次，先生在云根处又觅得一奇石，皆似古篆籀，名曰“天然图书”。奇石爱好者都知道，文字石极为难寻，能在相近的石种石形中找出表达明确意义的文字石并组成完整的词汇更是难上加难。先生得之，欣喜若狂，得意地说：“天然图书落吾手。”在梁绍壬的《两般秋雨盦随笔》一书中载有齐召南撰的《天然图书赞》，表达了齐召南的这份欣喜：

囊括名山，近罗几席。即凤一毛，跨鹏六翮。
作逍遥游，我心实获。远岫窗中，数逾十百。
九华仇池，名惟意择。夸娥巨灵，位随手掷。
因而重之，宜损宜益。或纵或横，或黄或白。
或云纡青，或霞标赤。或鹫欲飞，或星可摘。
或眉初扫，或掌乍擘。或岭郁盘，或冈襞积。

或洞岈岈，或峦峇峇。或挺悬崖，或临广泽。
叠嶂连峰，方圭圆璧。群玉璘彬，蓬壶咫尺。
其气熊熊，其光奕奕。昔贤所慕，灵山窟宅。
缥缈凌虚，万里不隔。图讵聚米，游宁著屐。
移可学愚，拜亦成癖。以啸以歌，斯晨斯夕。
卢敖神怡，向禽愿适。奚出户庭，友邀欢伯。
福地洞天，皆遍足迹。我思造物，如易卦画。
何洪何纤，一单一折。小石与山，取象堪释。
芥子须弥，文苞简册。岳兮镇兮，雄秀谁辟。
实天地中，一卷之石。作如是观，仁寿无斁。

而后又用东坡石鼓韵再作《云根石天然图书歌》、《又天然图书赞》、《方丘亭“卓然”》、《汪上湖前辈惠题云彩母天然假山诗次韵口谢》，先生对于奇石不可抑制的珍爱之情，完全陶醉“天然图书落吾手”的狂喜都在字里行间中表露无疑。

先生也常邀请一些朋友一同来欣赏“天然大假山”和“天然图书”，当时的陈文述、赵石函等都是他的座上客。这些文人墨客也以书院石林秀石巉岩，如青苍玉削，伏如龙蟠泥，昂如鸟引嗉，雄踞如蹲狮，斜趋如走兔，间有古藤盘绕，名家题刻所构成“天人合一”的景观为奇，纷纷吟诗作赋，且常“坐石弄花忘却归”。渐渐地，次风先生倡导的“云根觅石”和“醉花赏石”活动，如同王羲之的“曲水流觞”活动一样成为清代浙派文人的一种时尚，受到文人雅士的推崇和仿效，于是许多浙派文人都有在奇石林中“愿从公等醉花下，石上题诗忘却归”的经历，把酒问月，写出许多美妙的诗句。著名诗人厉鹗有诗曰：

万松难觅昔人栽，胜地天教讲席开。
岭上白云闲不出，湖中空翠远还来。
先生正值成春服，都养犹能治酒杯。
醉向层巅问兰渚，越山如发隔江隈。

传说，先生最后发现了一枚刻有“天台文人”4字的云母石，状若雕刻。先生狂喜，作《云母石歌戏征同好诗》以记，但自此以后，先生在云根处再也找不到奇石，连同效仿先生的人也再没找到奇石过。

在先生眼里，每一块奇石都是大自然的杰作，每一块都是一部传奇、一页历史、一片沧桑……再也找不到奇石后，先生感觉这是冥冥之中对他的一种暗示，于是，乾隆三十一年（1766），63岁的次风先生作出了回天台老家的决定。

次风先生是一位博古通今的学者，更是万松书院历史上最有名望的山长。乾隆元年（1736）即高中进士，乾隆八年（1743）廷试为一等一名，升侍讲学士加日讲起居注官。至乾隆十三年（1748）升为内阁学士、礼部右侍郎，深得乾隆帝的赏识。次年，因坠马触石，脑部受伤，才辞官回乡。返浙后即受邀出任敷文书院山长。任教期间，次风先生德高望重、言传身教，倡导实事求是的学风，要求师生们写文章应当如山石般深秀峻拔、坚实浑成，弃浮华标真谛。他培育了大量的人才，深得书院师生的敬重。在任期间，他曾三次被南巡的乾隆帝召见（1757、1762、1765），且“赏赐优渥”。当时，还流传着乾隆帝南巡每次都到敷文书院，其实是为了探望他特别器重的齐先生的说法。传说仅是传说而已，也无法考证。但先生的的确确留下了诸多著作，如《历代帝王年表》、《后汉公卿表》、《宝纶堂集》、《尚书札记》、《春秋三传考证》等，还历时30年撰成地理宏著《水道提纲》28卷。他毕生博学强记，致力于讲学、著述，对地理学颇有研究，这些都是有史可查的。

先生返乡，师生们纷纷题咏表达心中的不舍，在现存的书院诗作中有很多都是怀念这位学者的。如当时的监院陈文述有《万松书院怀齐次风》诗：

家在天台第几峰，又来湖上玩芙蓉。
雨中云气三生石，风外涛声万壑松。
金海游会秋放棹，玉堂梦觅夜闻钟。
宝莲遗集人间世，仙乐疑聆大壑淙。

学生顾琴岩早年就读于敷文书院，曾受业于齐召南、桑调元两位先生。虽已事隔多年，自己也已任教授，但对书院、对恩师仍是念念不忘的：

碧天晶晶冰壶彻，碧云澹澹织尘灭。
小窗独坐清且幽，拂面松风吹不绝。
仰见石磴三百层，半是堆霜半堆雪。
一年一十二度圆，今当第二轮犹缺。
置身天末怀故人，渭北江东向谁说。
此心千里百里心，幸勿匆匆惜离别。

次风先生任敷文书院山长达11年之久，对万松书院作出了卓越的贡献，也充满了感情。然先生为人谦逊，卸任时赋诗曰：

讲学应思惜寸阴，松冈会首发长吟。
十年西席春风暖，三度南巡瑞日临。
秀萃湖山占地胜，章悬云汉见天心。
自惭多病全无益，虚设朋来庆盍簪。

先生走了，带着他的奇石返乡了，3年后驾鹤归西。如今"天然图书"已不复存在，云根奇石亦已无处可觅，但"天然大假山"却依然玲珑瑰奇，而先生倡导的如山石般坚实浑成、弃浮华标真谛的文风更是影响着一代又一代的后来者。

（三）袁才子书院悼先师

袁才子即清中叶著名的诗文大家袁枚。袁枚（1716—1798），字子才，号简斋，钱塘（今浙江杭州）人。幼年居杭州葵巷，12岁入读敷文书院（即万松书院），受业于苏州杨绳武先生。杨先生办学主张"规制则仿白鹿洞，读书则仿分年课程，肄业则举乡里秀异、沈潜学问者。而推广上意，以使学者近而可循，则自励志立本，勤学业，慎交游，以及经、史、诗、赋、古今文之源流派别，一一别白而指示之。”教学严谨，强调教人为学和学生自习，不只是为了获得广博的学识，写一手华丽的文章，更主要是为了学习做人的道理，修己以达人。

教授的严格，再加之敷文书院务实求真学风的熏陶，虽深居于山，但袁枚的文章自幼深秀峻拔，坚实浑成，弃浮华，标真谛，这对诗人后来主张文学要写“性灵遭际”，反对盲目拟古有着深远的影响。

乾隆四年（1739），袁枚24岁高中进士，任翰林院庶吉士。大学士史贻直见所写策论后，赞其为贾谊再世。后历任江苏溧水、江浦、沭阳、江宁等地知县，由于贤能爱民，政绩甚佳，深得百姓爱戴。然而，诗人生性疏淡，虽身居庙堂，却心系山林，后以病家居。再起，调陕西为官，曾上万言书于总督，终不纳用。深入骨髓的“弃浮华，标真谛”使得诗人对于仕途生活产生厌倦。33岁那年，他以父亲亡故需赡养母

袁枚画像

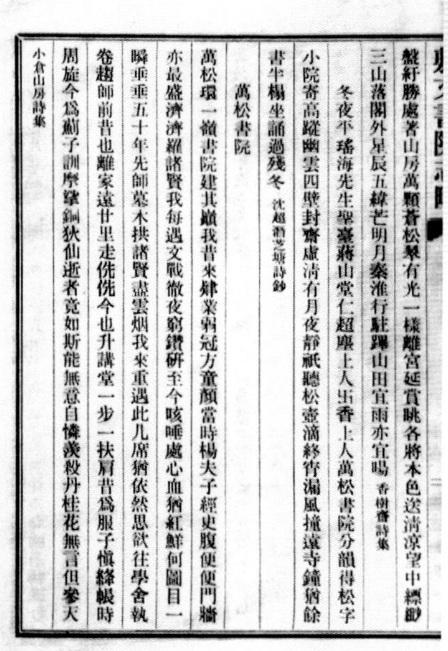

盤紆勝處著山房萬顆蒼松翠有光一樣離宮延賞眺各將本色送清涼望中標齣
三山落闊外星辰五緯芒明月秦淮行駐蹕山田宜雨亦宜晹 香樹齋詩集
冬夜平瑤海先生暨臺蔣山堂仁超塵上人出香上人萬松書院分韻得松字
小院寄高蹤幽雲四壁封齋虛清有月夜靜秖聽松壺滴終宵漏風撞遠寺鐘猶餘
書半榻坐誦過殘冬 沈超貽芝塘詩鈔

萬松書院

萬松環一嶺書院建其巔我昔來肄業弱冠方童顏當時楊夫子經史腹便便門牆
亦最盛濟濟羅諸賢我每遇文戰徹夜窮鑽研至今咳唾處心血猶紅鮮何圖目一
瞬垂垂五十年先師墓木拱諸賢盡雲烟我來重遇此几席猶依然思欲往學舍執
卷趨師前昔也離家遠廿里走侁侁今也升講堂一步一扶肩昔爲服子愼絳帳時
周旋今爲蓟子訓摩挲銅狄仙逝者竟如斯能無意自憐羨殺丹桂花無言但參天
小倉山房詩集

《小仓山房诗集》中的《万松书院》

亲为由，辞职回乡，从此不再出仕。好友钱宝意做诗颂赞：

过江不愧真名士，退院其如未老僧。
领取十年卿相后，幅巾野服始相应。

他亦作联一幅自嘲：

不作高官，非无福命只缘懒；
难成仙佛，爱读诗书又恋花。

表明自己“爱书如爱命”的读书志趣及无意于官场中的汲汲营营。“笑君攫取忙，送入他人口。一世酸咸中，能知味也否？”在《咏筷子》诗中对世人为追逐名利而送往迎来、失去自我的可笑做了深刻的讽刺，更加表明对仕途的厌倦。

此后，诗人定居江宁（今南京）城西小仓山之原随氏废园，名其居为“随园”，自称“随园老人”，开始中年以后的家居读书著述生涯：广交四方文士，纵情山水，放浪形骸，不为礼教所拘；文学创作上又倡导抒写性灵，虽被封建正统文人视为“野狐禅”、“邪魔歪道”，但其影响甚大，所创导的“性灵派”终成清中叶的一大流派，在中国文学史上占据重要地位。如此50年，终不复仕。年逾六十时，诗人开始独游名山，至天台、雁荡、黄山、庐山、罗浮、桂林、南岳、潇湘、洞庭、武夷、丹霞、四明、雪窦等地。

然诗人生于杭州、长于杭州，虽成年后寓居江宁，一生钟爱的还是故乡的西湖，在他传世的4000余首诗篇中有不少描绘西湖的佳作，如《湖上杂咏》之一：

月明如水浸沙堤，堤上游行一杖携。
惹得家僮没寻处，夜深孤坐断桥西。

又如《谒岳王墓作十五绝句》之一：

江山也要伟人扶，神化丹青即画图。
赖有岳于双少保，人间始觉重西湖。

前一首写对月光下西湖的眷恋；后一首写对西湖韵味的定位，西湖不仅是风花雪月的，因为有了岳飞、于谦这样的民族英雄，更不乏荡气回肠的壮烈，流露出诗人对于杭州、对于西湖的深刻认识和无限爱恋。

虽已成为清代乾隆、嘉庆时期的代表诗人之一，与赵翼、蒋士铨并称为“乾隆三大家”，但诗人却未曾忘记过他的母校万松书院和启蒙老师杨夫子。《小仓山房诗集》中收录着一首题为《万松书院》的诗，记录着他离开50年后重返书院的景象：

万松环一岭，书院建其巅。我昔来肄业，弱冠方童颜。
当时杨夫子，经史腹便便。门墙亦最盛，济济罗诸贤。
我每遇文战，彻夜穷钻研。至今咳唾处，心血犹红鲜。
何图目一瞬，垂垂五十年。先师墓木拱，诸贤尽云烟。
我来重遇此，几席犹依然。思欲往学舍，执卷趋师前。
昔也离家远，廿里走侁侁。今也升讲堂，一步一扶肩。
昔为服子慎，绛帐时周旋。今为苏子训，摩挲铜狄仙。
逝者竟如斯，能无意自怜。羡杀丹桂花，无言但参天。

回想当年名师云集的盛况、自己彻夜苦读的艰辛，求学时的种种情景浮现眼前，不禁感慨万千：当年满腹经纶的杨绳武教授亦已作古，徒留“墓木拱”；当年济济一堂、才华横溢的师生们如烟消云散般，各奔东西；当年上学往返二十里，都脚步轻松，现在走一步路都需要扶着小童的肩膀，无知幼童亦已暮暮老矣。诗人直叹岁月无情，“逝者竟如斯”，唯有参天的丹桂依旧如故，真让人羡煞。

依照自己的方式生活，无羁无绊，悠游自在，大才子袁枚卒于嘉庆二年（1798），享年82岁。一生著述甚丰，为后人留有《小仓山房诗集》70余卷，诗话、尺牍、说部之类30余种。其中散文代表作《祭妹文》，哀婉真挚，流传久远，堪与唐代韩愈的《祭十二郎文》媲美。

（四）万松书院与“梁祝”传说

美丽的西湖，山水如画，淡妆浓抹，四时相宜，似沃土一般孕育了神奇与浪漫。多少脍炙人口的传世佳作在这里诞生，又有多少家喻户晓的传奇故事在这里上演，“梁祝”传说是其中最经典的故事。

《梁山伯与祝英台》为中国四大民间爱情神话传说之一，说的是浙江上虞祝员外之女祝英台，女扮男装到杭州读书。途中偶遇会稽书生梁山伯，两人一见如故，于是就在柳荫下义结金兰，而后又同在杭州万松书院同窗共读三年有余。求学期间，两人在学业上互相帮助，在生活上相互照应，结下了很深的情谊。山伯生性憨直，始终未察觉英台为女儿身；英台却早已芳心暗许。三年的同窗，一同切磋学问，相互照顾扶持；风鬟展书读，挑灯写文章；春来花丛漫步，秋夜畅谈理想；关怀疾病，分享欢乐。点点滴滴都化作刻骨的相思，一点相思，万种柔情，从记忆的深处如春蚕吐丝，绵绵不绝。三年后，祝父催英台回家。英台以随身佩带的玉蝴蝶扇坠作为信物暗托师母做媒。在离别的“十八相送”途中，英台一次次借景喻情，向山伯暗示自己为女子，但山伯依然懵然不解，后经师母点破才恍然大悟。山伯兴冲冲赶往祝家求婚，但祝父已将英台许配给上虞太守之子马文才了。山伯在凄楚悲愤中与英台“楼台相会”，满腔热情化作乌有，回家不久即郁闷而逝了。英台闻之，悲愤不已。结婚当日，向父亲提出要先到山伯墓前拜祭，否则宁死不上花轿。祝父无奈，只得应允。英台在墓前哭祭时，突然天昏地暗、电闪雷鸣。在狂风暴雨中，坟墓豁裂。英台纵身跃入，墓包徐徐合拢。过后，风雨顿息，阳光灿烂，山伯、英台化作一对彩蝶飞舞而出，他们的爱情在历经风雨过后获得了自由和再生。

“梁祝”故事最早见于1400多年前南朝的《金镂子》，以后初唐梁载言《十道四蕃志》、晚唐张读《宣室志》、宋代李茂诚《义忠王庙记》、明代冯梦龙《古今小说·李秀卿义结黄贞女》、清代吴景樯《祝英台小传》等都有较详细的记述。元代白仁甫以此为题材创作了杂剧，后来我国绝大多数剧种均移植上演，是传统戏剧的保留节目。

“梁祝”版画

1954年，周恩来总理参加日内瓦会议时，将我国第一部大型彩色戏曲艺术片《梁山伯与祝英台》介绍给各国记者，称之为“中国的罗密欧与朱丽叶”，使《梁山伯与祝英台》走上了国际舞台。从此，“梁祝”故事在世界范围内广为传播，其影响之大堪称中国民间故事之最。

千百年来，“梁祝”故事经过了历代作家和民众的不断修改和再创造，虽然“异文”很多，但其母本早已定型：“乔装求学”、“草桥结拜”、“同窗共读”、“十八相送”、“楼台相会”、“哭坟化蝶”等主要的情节始终未变。不同版本的故事只在首尾情节、发生地点及时代背景上有些变化，其歌颂自由爱情的主题亘古未变。据不完全统计，梁祝读书处在全国有5处，梁祝墓有9处，在宁波鄞县还有1处梁祝庙。人们都愿意相信美好的传说曾经发生在自己的家乡。

最早将“梁祝”故事与万松书院结上关系的是创作于明末清初的《同窗记》，是由寓居杭州的著名剧作家李渔所创作的。李渔在他的作品中处处突现出鲜明的杭州地域特色，如梁山伯与祝英台分别从家乡（会稽、上虞）渡钱江在草桥门偶遇而义结金兰，并在当时杭州最著名的书院——万松书院同窗共读。三年后，分别时，沿着长长的凤凰山古道送别。作者把固有的书院、山川、草桥、长亭等都编织在故事之中，增添了故事的说服力和渲染力。所以，近代的许多电影、电视都是根据这个版本进行改编的。

动漫版《梁山伯与祝英台》“十八相送”剧照

美丽的传说使肃穆的书院有了人情的温馨，书院使虚无的故事有了真实的背景。2002年重建万松书院时，策划者意识到“梁祝”传说与书院文化的结合有着不可估量的价值，但若把握不好又会使两者相互侵扰，造成景区建设的定位失误。因此，在初期的规划中，“如何使梁祝故事不着痕迹地融入到景区建设中去”被列为建设的首要课题。在多次召集有关方面专家座谈论证后，决策者认为要做好这篇文章首先要掌握“度”，即：万松书院既要体现古代书院教育的历史及其文化内涵，又要充分利用“梁祝”故事这一不可多得的民间文化遗产。但两者有主次、虚实之分。书院的文章要做实做足，“梁祝”传说则尽量虚化淡化，从而使两者相互映衬、相得益彰。

电影《梁山伯与祝英台》中“十八相送”剧照

因此，重建后的万松书院建筑布局完全尊重史实，文化陈设则侧重于表现古代书院教育的特征，在客观条件的允许下，尽可能地将古代书院藏书、祭祀、讲学的三大功能及科举文化展现出来。只在书院的外围建造了观音堂、双照井、草桥亭、书房、浣云池等。如果你相信他们曾经来过，那么这一切都与他们有关，顶上覆草的可汲亭、浣云池中悠闲游弋的白鹅、观音堂里慈祥的白衣大士等等。即便是偶然飞过的一对蝴蝶，也会让你想起曾经苦难如今自由的他们。在丝丝缕缕、若有似无的袅袅音乐中，你会把“坐怜彩蝶微风处，静看青山小憩时”当作人生雅事吧。

说不定导游小姐也会帮你一起遐想：杭州有种独特的蝴蝶叫虎斑蝶，传说那就是从吴桥镇飞回杭州的梁山伯与祝英台。因为在杭州、在万松书院他们度过了一生中最美好的时光，所以他们选择了杭州作为他们最终的家园，在这里繁衍后代、生生不息。找找看，这里的虎斑蝶是不是特别多？

总之，“梁祝”若活在你的心里，那么在万松书院中处处都有他们的踪迹。

（五）双吊坟

关于双吊坟，在清代著名学者俞樾的《春在堂随笔》中可以找到这样一段话：

万松岭有双吊坟，闻祈祷有验，香火甚盛。癸酉春，余至敷文书院，访同年杜莲衢侍郎，乃过其地。因坟为屋，塑男女二像。门外一碑，载其大略曰：嘉庆间，有崔升者，京师人。携其妻陈氏来杭州，落魄不能归。或有以夫妇两全之说进者，陈不可。后益穷困，同投缳死。钱唐令哀而葬之，并建亭曰“节义”。夫匹夫匹妇，固穷守志，至死不移，事固可风矣。然其生也穷困不能自活，其死也灵爽乃尔，亦不可解。殆所谓生而有成神之骨者，非偶然乎？

而杭州长桥一带的老居民中，流传的这个故事更为详细、更为生动：

清嘉庆年间，京城书生崔升因受株连，被迫离京，携妻前来投奔远在杭州的亲戚。夫妇俩风餐露宿，一路艰辛，辗转多日，终于来到了杭州。

到了杭州，不料亲戚家早已搬走。崔氏夫妇投亲不遇，再加上语言不通，人生地不熟，心中不免沮丧。为从长计议，只得先找客栈住下，以后每天都心怀一线希望朝出暮归地去寻找。如此，不觉已过月余，随身所带盘缠日少，渐渐地捉襟见肘起来。有好心人同情他们的遭遇，介绍崔妻给一些有钱人家做洗浆缝补的针线活，换点买米的钱，又在南山僻静处找了间廉价小屋供他们租住。

俞樾像

又过了半年有余，亲戚仍是杳无音讯。崔升也就渐渐放弃了投靠亲友的想法，打算重拾书本，参加来年的会试。崔妻十分支持丈夫。从此，崔升每天只管潜心攻读，妻子则揽更多的针线活做。有好事者见崔妻年轻貌美，知书达理，且又出自官宦人家，便暗中劝说：与其跟着崔生过苦日子，还不如嫁作商人妇，虽不能做原配、正室，锦衣玉食的生活却是肯定的。再给崔生点银两，不就保你夫妇两全了吗？崔妻听后怆然曰："贫贱不能移，富贵不能淫；无论生死，永远都不相弃。"好事者闻言只得悻悻而回。

渐渐地日子过得更加困窘了。随身可典当之物早已换成了大米，崔妻微薄的收入根本不足以养家，夫妻俩常常食不果腹。家徒四壁，苦日难熬，崔升既心疼爱妻千金之躯跟着自己受苦，又愧于堂堂男儿竟然靠女人养活，不觉心灰意懒，且日胜一日。

又一日，崔升无意中发现妻子在蒸饭时，总是事先在碗中倒扣一只小碗。偷偷观察了几天后，他才恍然大悟：原来这是妻子眼看粮食不够吃了，才在每次蒸饭前，预先在自己的碗中埋入一只小碗，这样蒸出的饭看起来还是满满的。既可以让他多吃点，又不至于折他的面子，令他难堪。崔升不禁黯然神伤，心中虽对妻子充满了感激，但更多的是不可抑制的悲伤：堂堂男儿竟要靠妻子挨饿才得以苟且偷生，如何还有脸面再活在这世上？或许没有自己，妻子就不会再有这么重的负担了，至少不用再吃这“空心饭”了。又一夜，崔升在辗转反侧中下定了决心。第二天一早，趁妻子外出时，在自家屋后的大樟树上自尽了。

却说那崔妻只知丈夫近来心情不好，急匆匆地捧着刚换来的一小袋米回家，心想今天要让夫君饱餐一顿。不料，回到家中却见丈夫已命赴黄泉，不禁悲从中来，想自己身世飘零又无依无靠，且没有了崔升又有何生趣可言？索性也在那棵樟树上自缢，随崔升去了。

崔升夫妇的遭遇赢得了世人的同情，当时的钱塘县令也十分同情这对苦命鸳鸯，感慨他们“固穷守志，至死不移”的节义。于是，就在万松岭敷文书院西侧择地厚葬了他们，并建节义亭，亭中树碑，县令亲自撰文为记。

清同治年间，敷文书院有一穷书生途径节义亭，饥寒困顿，恍惚间见一男一女软语宽慰并赠银两若干，待清醒时怀中果有一包碎银子。以后又有多名书生得到过崔升夫妇的资助。一传十，十传百，且愈传愈神，崔氏夫妇简直与有求必应的观音一般灵验。于是，人们以坟为屋，屋中塑崔氏夫妇像，朝夕供祭，遇事即求，香火极其旺盛。

故事的真实性有待查考，但这里俗称“双吊坟”，以坟为屋，香火旺盛，几经兴废，最终在1958年被彻底拆毁，却是有据可查的。现在那里尚存有崔升夫妇的墓台遗迹。

（六）许愿树

相传，明朝万历年间，万松书院刘生夜梦孔子。至圣先师谆谆教诲，反复对刘生说：“愿望绕灵树，机缘天铸成。……”最后又说：“切记！切记！天机不可泄露。”

在以后的几天里，刘生苦思冥想，终不得其解。有一天，他无意间来到了书院大成殿后，忽然有一个果子砸到了他的头上。他痛得不觉“哎哟”叫出声来，拾起果子一看，又莫名地哈哈大笑起来。正好有一同窗好友经过，见了刚才一幕，好生奇怪，问：“怎么了？”刘生连连说："天机不可泄露，天机不可泄露。"

原来，砸到头上的果子叫他开了窍：大成殿后的两棵枫树，春夏间产多孔的果实，俗称"路路通"，常被佛家弟子用来作佛珠，所以老百姓又把枫树看作具有灵性的树。刘生心想：只要把心中的愿望写在纸上，再绕灵树几圈，不就是"愿望绕灵树，机缘天铸成"吗？

从此，刘生闻鸡起舞、挑灯夜读，加倍努力。每次月课（考）前，他都将愿望写在纸上，悄悄地绕灵树几圈后，再抛到大成殿后的枫树上，果然月月都获花红（即奖学金）……

众书生都为刘生学业进步神速而感纳闷，去问刘生，刘生执意不肯道出缘由。众人无奈，只得暗中观察，待知缘由后，便也学他如此这般起来。渐渐地，万松书院教学竟位列杭城四大书院之首，江浙沪一带的学子们趋之若鹜，都以能到万松书院就读为荣。

几年后，刘生高中状元，衣锦还乡，亲朋好友都以他为荣，更感恩灵树的庇佑。然刘生虽日日锦衣玉食，高朋满座，却还是愁眉不展，郁郁寡欢。……

原来，在刘生上京赴考前，与先生之女小月情投意合。然而先生为人严谨，要求刘生功成名就后才能有儿女私情。于是，刘生只得专心攻读，终于考取功名。但小月在刘生上京赴试期间，因思念过度，积郁成疾，等刘生回杭时，小月竟已昏睡不醒。先生虽懊悔不已，但也深感回天无力。

一天，刘生又来到大成殿后，靠坐在灵树下，恍惚间见一男一女软语宽慰，忽又展翅欲飞，展开的竟是色彩斑斓的蝴蝶翅膀。刘生一惊，原来是南柯一梦。细想梦中场景，那一男一女竟互称"梁兄"、"贤妹"，又道"愿天下有情人都成为眷属，是前生注定事莫错过姻缘"，知是传说中的梁山伯与祝英台在助他。于是，来到大成殿前，燃起三炷清香，又将写有愿望的宝牒，绕灵树几圈后，抛上灵树。

几天后，小月忽然醒来，说是梁山伯、祝英台将她送回来的。这岂不是"愿望绕灵树，机缘天铸成"吗？

消息传开，附近的百姓也都纷纷前来许愿祈福，把心愿写在俗称"宝牒"的红纸上，用绳子把它和红桔或橙系在一起，抛到树上，以祈求愿望达成。从此，一传十，十传百，且愈传愈神，来许愿和抛“宝牒”的人愈来愈多。终于，有一日，灵树枝叶枯萎，竟现不甚重负之态。书院师生为保护灵树，在大成殿后用竹子建起一座座许愿亭，让善男信女们将写有心愿的“宝牒”纸卷起来，放入特制的竹筒中，然后挂在许愿亭中。从此，灵树应验如故，香火日盛一日。而“愿望绕灵树，机缘天铸成”也渐为杭城民俗，流传至今。

四、名人履痕

在400余年的办学过程中，万松书院始终保持着严谨的办学原则和求真务实的学风，培养和造就了许多颇具名望的俊杰英才，对江浙一带形成尊师重教的良好风尚有着重要的引导作用。

苔痕上阶绿，草色入帘青。
谈笑有鸿儒，往来无白丁。

曾在万松书院活动过的一些优秀教育家，对书院的建设发展和人才的培养起着决定性的作用。在几百年的办学过程中，书院经常邀请一些学术领袖来传学，更有众多不远千里而来的访院学者，他们也为万松书院作出过不朽的贡献。

自2002年10月复建以来，万松书院受到社会各界的热切关注，迎来了历史上的又一个高潮。许多名人慕名前来访问、讲学，为书院的复兴和文化传播作出了贡献。

因受篇幅限制，本文不能将从创办至今510年间在万松书院出现过博学鸿儒和官吏士绅一一枚举，只择其中一部分作简要介绍。

(一) 书院名师

【陆　階】(1619—1701)，号梯霞，钱塘(今浙江杭州)人。清代万松书院第一任山长。明朝遗老，与其兄陆圻、陆培以文章领袖一时。清兵入关(1644)后，隐居河渚骆家庄。先生任万松书院山长期间，每会赴者千人。因教育有方，品行高尚，被世人敬重。著作有《白凤楼集》十四卷、《四书大全》六十卷。

【郑　江】(1682—1745)，字玑尺，号筠谷，钱塘(今浙江杭州)人。康熙五十七年(1718)进士，改庶吉士。历任考官，督学安徽，迁侍讲，进侍读，充《明史》纲目纂修官。以足疾告归。诗文长于抒情，有指其失及改定者，终身敬礼之。有《筠谷诗钞集》七卷、《书带草堂诗文集》四十余卷、《春秋集义》二十卷、《诗经集诂》四卷、《礼记集注》四卷、《清史列传》并传于世。《筠谷诗钞集》中有《敷文书院示诸生》一诗。

【方楘如】(1659—1687)，字若文，一字文輈，号朴山，浙江淳安人。康熙四十五年(1706)进士。乾隆年间任敷文书院山长。精通经史子集，以博学强记见著。《皃亭诗话》记载：先生自经史、诸子、百家靡不淹贯，有叩即应，如倾河倒峡，汩汩滔滔。年过80岁仍"灵光岿然，照耀两浙"。著述颇多，主要有《周易通义》、《尚书通义》、《毛诗通义》各十四卷，另有《集虚斋学古文》等书。

【鲁曾煜】生卒年不详，字启人，号秋塍，会稽(今浙江绍兴)人。康熙六十年(1721)进士，改庶吉士。约乾隆元年至八年(1736—1743)间任敷文书院山长。学识渊博，教导严谨，深受诸生爱戴。曾编纂广州地方志，在汴州、杭州等地的书院中任教。著有《秋塍文钞》、《三州诗钞》。

【蒋　祝】(1686—1768)，字赓三，号省斋。祖籍安徽歙县，后迁居杭州。康熙五十九年(1720)乡试中举。雍正元年(1723)进士，以殿试第三甲二十七名改庶吉士。曾参与编纂《四库全书》。雍正三年(1725)，因父病乞归，任敷文书院山长。后赴云南永昌府任职。

【陆宗楷】生卒年不详，字健先，号皃川，仁和(今浙江杭州)

人。雍正元年（1723），乡举第一，翌年中进士。官至兵部尚书。告老归田后，乾隆初年间任敷文书院山长。先生博古通今，学识渊博。

【桑调元】（1695—1771），字伊佐，号弢甫，钱塘（今浙江杭州）人。幼时即聪明勤奋，且为远近闻名的孝子。雍正十一年（1733）进士，任工部主事。不久，因病还乡，从事书院的讲学工作，教育生徒，是敷文书院最具影响力的山长之一。尊崇程朱理学，"以尚志力行为先"，在教学过程中积累了十分丰富的实践经验，主张"穷经之要有三：博综、折衷、自得"；强调"不通群经，不足以治一经；不知史法，不足以与谈；不博研象纬度、山川、方名、器数之岩迹，不足以穷遐极幽"。为人清鲠正直，以教四方之士为己任，曾主持河南大梁书院、山东泺源书院、江西瀛溪书院、浙江敷文书院等，并编撰这些书院的学规等。精于史学与性理之学，在教学方面卓有成就。著有《弢甫集》、《论语说》、《躬身实践录》等。

【赵石函】生卒年、字号、籍贯均不详。进士。乾隆中后期任杭州府学教授兼管理敷文书院事宜，即书院监院，任期颇长。乾隆二十七年（1762）在书院周围补植万余株松树，后山冈松树渐次成林，恢复了"青山凹里多长松，千树万树相盘错"的景观。

【张映辰】（1712—1763），字星指，号藻川，钱塘（今浙江杭州）人。雍正十一年（1733）进士。由翰林历任官兵部左侍郎，后迁都察院左副都御史。乾隆三十八年（1773）起任敷文书院山长。在任期间注重言传身教，治教有方。著有《露香书屋集》。据史书记载：先生立身行己，冲澹自得，不激不随，后进皆仰其风采。

【赵大鲸】（1686—1749），字横山，号学斋，仁和（今浙江杭州）人。雍正二年（1724）进士。官任都察院左副都御史。乾隆四十三年（1778）前后任敷文书院山长。先生提倡后学，爱才如命，是一位德高望重而又博古通今的学者。在掌教敷文书院期间，苦心培育，因材施教，培育了大量人才。据《敷文书院志略》载，先生"识拔者如云蒸霞起"，他的学生吴云岩、叶登南等人皆中状元。

【金　甡】（1702—1782），字雨叔，号海住，仁和（今浙江杭州）人。少时即以勤学著名。乾隆七年（1742）被钦定为状元，任侍讲学士。乾隆二十年（1755）起任太子詹事府詹事，辅导诸皇子。在詹事府十余年中，诸皇子“皆重公之品学”。乾隆三十年（1765），奉命督学江西，次年升任为内阁学士，后升任礼部侍郎。乾隆三十九年（1774）秋，因病还乡。乾隆四十五（1780）年前后任敷文书院山长。乾隆四十五年（1780），乾隆帝第五次巡临书院时，迎送有功，受到赏赐。乾隆四十七年（1782）病逝。他生平“廉俭方正，处事无巨细，井井有法度”。著有诗文数十篇。

【李汴渡】生卒年不详，字受之，号宝幢，仁和（今浙江杭州）人。乾隆二十二年（1757）进士。官至侍读学士。辞官归田后，任敷文书院山长，是书院历史上任职最久的山长之一。

【王　昶】（1724—1806），字德甫，号述庵，晚又号兰泉，学者多称兰泉先生。祖籍浙江兰溪，后迁居青浦县。他少年以颖异出名，博学属文，肄业于江苏苏州紫阳书院，体貌修伟。乾隆十九年（1754）进士。二十二年（1757），乾隆南巡时召试为一等一名，后官至刑部右侍郎。乾隆末年曾访问江西白鹿洞书院并讲学其间。乾隆五十八年（1793），以老乞归，乾隆允许他于“来年春融归里”。于是，他回乡后，取宅名为“春融”。嘉庆元年（1796），被朝廷邀请参加千叟宴。嘉庆六年（1801），受浙江巡抚阮元邀请出任敷文书院山长，任期3年。后任诂经精舍教授。晚年主要从事教育、著书立说。生平博览群书，

学有大成，著作甚丰。在主持敷文书院讲学期间，编撰了《天下书院总志》十卷。著有《春融堂集》。辑有《明词综》、《国朝词综》、《金石萃编》、《湖海文传》、《湖海诗传》等十余种。

【马履泰】(1746—1829)，字叔安，一字定民，号菽庵，又号秋药，仁和(今浙江杭州)人。乾隆五十二年(1787)进士。官至太常寺卿，以言事罢归。与梁同书友善。性潇洒，工诗，以文章气节重于时。书宗唐人，古劲似李邕。中岁作画，涉笔即工，盖由学问、书法中来。山水苍率沉厚，自言："吾画但能作丑树顽石，自率胸臆，不悦时眼。"晚年任敷文书院山长。因博通经史，治教有方，从学者也众，成名者也众。著有《秋药庵诗集》八卷。后任济南沥源书院山长。卒年84岁。

【潘庭筠】生卒年不详，字兰公，号德园，钱塘（今浙江杭州）人。乾隆四十三年（1778）进士。官至陕西道御史。工绘事，兴至随笔作水墨花卉而已。嘉庆二年（1797），敷文书院重修后被聘为山长。学问广博，性情高洁，长斋学佛，喜从方外游。著有《稼书堂遗集》。

【陈文述】（1771—1843），字退庵，号云伯、颐道居士，钱塘（今浙江杭州）人。少以诗名。嘉庆五年（1800）应杭州乡试，督学阮元以《仿宋画院制团扇》命题，文述诗最佳，人因称为陈团扇。游京师，与杨芳灿齐名，时号"杨陈"。官至江苏江都县知县，多惠政、性孝友，与王昙、郭廖、查揆、屠倬关系最契，又好修名人遗迹。文述诗工西昆体，晚年，复敛华就实，归于雅正。乾隆中后期任敷文书院监院，与齐召南相交甚契。著有《碧城仙馆诗钞》、《颐道堂集》、《秣陵集》、《西泠怀古集》、《仙咏》、《闺咏》及《碧城诗髓》，均并行于世。

【沈维鐈】（1778—1849），字子彝，号鼎甫，浙江嘉兴人。嘉庆七年（1802）进士。官至工部左侍郎、学政。道光二十九年（1849）左右任敷文书院山长，兼任敬业书院教授。生平喜读宋五子书，在教学过程中，多以朱熹、张栻学说教育学生，主张读书是"求为身心有用之学"，以身先人，寒暑不辍，培养了大量人才。学问赅博，以人品和德行闻名于世。著有《补书斋遗稿》十卷。

【许乃安】生卒年不详，字吉齐，号退庐，钱塘（今浙江杭州）人。道光十二年（1832）进士。官至甘肃兰州知府。少时即负有文誉，曾国藩称其为"匡时柱石"。道光末年任敷文书院山长。因学问精湛，备受时人称颂。

【朱昌颐】（1784—1855），字吉求，号正甫，又号朵山，浙江海盐人。道光十八年（1838）一甲一名进士，状元。授编修，历官吏科给事中，以言事被议归。道光末年任敷文书院山长，成绩卓著，在学者中享有较高的威望。著有《鹤天鲸海焚余稿》。

【张　鉴】（1768—1850），字春冶，号秋水，浙江乌程人。嘉庆九年（1804）副贡生。官至内阁侍读学士，督学广东。家贫，鬻画自给。

阮元抚浙，与同里杨凤苞、施国祁皆被聘为诂经精舍讲席。曾任敷文书院山长，教育有方，与崇文书院山长胡敬相交甚契。后裔多高官。尝主南浔刘氏、洞窿西山葛氏家，皆富藏书，因得纵观群书，以资逸录。张鉴博学多通，工为文，著述丰富，著有《冬青馆甲集》六卷、《乙集》八卷、《画媵诗》三卷、《秋水词》二卷、《赏雨茅屋词》二卷、《古宫词》三卷、《詹詹集》八卷、《秋水文丛》五十卷、《文丛再编》一册、《三编》一册、《四编》一册、《蝇须馆诗话》五十卷、《上林子虚赋郭注辑存》二卷、《楚辞释文》十七卷、《杭漱录》一册、《破睡录》一卷、《冬青馆随笔》一卷、《破虱录》一卷、《梦史》一卷、《西夏纪事本末》三十六卷、《十三经丛说》五十卷等，共三百卷，均传于世。

【谭　献】(1830—1901)，字仲修，号复堂，仁和（今浙江杭州）人。光绪末年任敷文书院山长。锐意撰述，为一时物望所归。为近代词坛宗师、藏书家。所著有《复堂类稿》、《复堂词录》、《词辨》等。

（二）访院学者

【王守仁】(1472—1528)，字伯安，别号阳明子，世称阳明先生，浙江余姚人。明代著名的哲学家、教育家，阳明学派创始人。官至南京兵部尚书。世宗时封新建伯，总督两广。谥文成。发展陆九渊学说，改造程朱理学，提出“致良知”，强调“知行合一”和“知行并进”。其学说在日本也产生了很大影响。一生培养学生无数，创办书院数十所，对促进明代书院的发展和学术繁荣有着卓著的贡献。晚年曾在浙江各地讲学，万松书院是他经常到访的地方，故万松书院深受“心学”影响。明嘉靖四年（1525），受提学佥事万信汝之请，为万松书院撰写重修碑记。著作有《阳明全书》。

【田艺蘅】生卒年不详，字子艺，明末清初钱塘（今浙江杭州）人。田汝成之子。以岁贡生为徽州训导，罢归。曾任应天（今江苏南京）府学教授。博学，工诗文。少年时即以诗赋著名。其文“神采中涵，奇辉外射”。为人“高旷磊落，不可羁紮”。著作颇丰，著有《田子艺集》、《煮泉小品》、《留青日札》、《玉笑拾零》等。曾访问讲学于杭州各大书院。有《游万松书院侍宗师与杨秋官弈见湖亭修真率会晚别江津有作》诗。

【张文炳】生卒年不详，字虎别，又字阁如，沧州（今河北沧县）人。顺治三年（1646）进士，官至广东布政司参议。以刚直著称。间画墨竹，清劲拔俗，《清画家诗史》有记。张氏世代诗家，祖孙数代享有诗名。其中张文炳、张九钧、张九镒、张九钺、张九键等张氏祖孙均在岳麓书院读书任职，被传为佳话。著有《退谷诗抄》二十四卷。曾访问讲学于万松书院，书院西侧石林中有其摩崖题记“卓尔”等。

【朱彝尊】（1629—1709），字锡鬯，号竹垞，秀水（今浙江嘉兴）人。年少时曾走南闯北，云游四方。学识渊博，工诗词古文，清代浙西词派的创始者。康熙十八年（1679），举博学鸿词科，以布衣授翰林院检讨，入直南书房，曾参加纂修《明史》。生而秉异，书经目不忘。诗文、考据样样精通。康熙爱其才，御赐“研经博物”额。曾被邀至敷文书院讲学，并亲撰“入则孝，出则悌，守先师之道以待后学；颂其诗，读其书，友天下之士尚论古人”联。著述甚丰，著有《经义考》三百卷、《日下旧闻》四十二卷、《曝书亭集》八十一卷等。又编有《词综》三十四卷、《明诗综》一百卷等。

【万年茂】（1718—1808），字少怀，号南泉，湖北黄冈人。进士出身。官至御史。乾隆三十八年（1773）聘为岳麓书院山长，五十七年（1792）重赴鹿鸣宴。一生大部分时间从事教育事业，除任职岳麓书院之外，还先后在麟山、涑水、鹭洲等书院任职。学徒甚众，被学者尊为书院“山斗”。著有《周易图说》六卷。乾隆五年（1740）至书院讲学，其精辟的演讲深受书院师生的欢迎，诸生立碑勒石以记。

【金志章】生卒年不详，初名士奇，字绘卣，号江声，钱塘（今浙江杭州）人。雍正元年（1723）举人，由内阁中书迁侍读，出为直隶口北道。续修《两镇三半志》。归田后，以游历、著述为业。金志章性格豪放，喜好游历山水，爬登山路，终日不厌，被人称为“烟霞水石间客”。潜心诗文，与厉鹗、杭世骏等齐名于世。纂辑《吴山志》二十卷、《吴山伍公庙志》六卷，著《江声草堂诗集》八卷、《始游集》四卷。乾隆初年，受山长鲁曾煜之请，常在万松书院讲学。书院新建玉壶、留月两台，曾撰诗志喜。

【胡 敬】（1769—1845），字以庄，号书农，仁和（今浙江杭州）人。嘉庆十年（1805）进士，官至翰林院侍讲学士。曾主讲西湖崇文书院20余年，与敷文书院山长张鉴相交甚契，为敷文书院撰“闭户自精，云无心以出岫；登高能赋，文异水而涌泉”联，亦曾讲学于敷文书院。著有《崇雅堂诗文集》二十卷。

【孙星衍】（1753—1818），字渊如，又字季仇，阳湖（今江苏武进）人。清代著名的教育家，曾主讲于杭州诂经精舍。著有《尚书今古文注疏》、《周易集解》、《寰宇访碑录》、《孙渊如诗文集》等数十种。曾在书院访问讲学。

【厉 鹗】（1692—1752），字太鸿，号樊榭，钱塘（今浙江杭州）人。康熙五十九年（1720）举人，荐举博学宏词。博闻强记，尤熟谙宋、辽史事。工诗词，为清代浙西词派的重要作家。著有《宋诗纪事》、《南宋院画录》、《辽史拾遗》、《樊榭山房集》等。乾隆八年（1743），受山长鲁曾煜之请在书院访问讲学。

厉鹗像

【戴 熙】（1801—1860），字醇士，号鹿床，钱塘（今浙江杭州）人。道光十二年（1832）进士，次年授编修。十八年出任广东学政，后升翰林院侍讲。二十八年授兵部右侍郎，次年乞求归里，主讲杭州崇文书院。工诗书画，为世推重，与汤贻汾齐名，并称“汤戴”。著有《习若斋诗文集》、《习若斋画絮》等。

亦曾讲学于敷文书院。

【孙衣言】（1814—1894），字琴西，号逊斋，浙江瑞安人。清代著名的教育家，曾主讲于杭州紫阳书院。道光三十年（1850）授编修，参与《宣宗实录》编纂。后任知府、按察使、布政使等职。光绪五年（1879）诏为太仆寺卿，因病未赴任。孙衣言治学严谨，出入经史，务求曲尽事理。学术承永嘉学派，治经世之学，着重知古，是重振永嘉经世之学的巨子。于诗尤工，诗传至海外，著有《逊学斋诗文抄》。平生重视乡邦文献，归田后，搜采乡邦轶事史志，编成《瓯海轶闻》。亦曾讲学于敷文书院。

（三）近现代名人

【于　丹】2007年2月26日（农历大年初九）下午，于丹在浙江省图书馆报告厅内开启“万松讲坛”新年第一讲，题为“儒道相济，构筑人格两岸”。结束后，参观万松书院，并即兴创作藏头诗：

万山钟神秀，松涛荡人心。
书香蕴天地，院落藏古今。

于丹现为北京师范大学艺术与传媒学院副院长。近年来，在中央电视台《百家讲坛》、《文化视点》栏目普及、传播传统文化，在海内外文化界、教育界产生广泛影响。

【曹又方】2007年3月24日下午，曹又方在万松书院泮池旁举办题为《一个女作家眼里的城市生活品质》文化讲座。

曹又方本名曹履铭，字光虹。先后曾用光虹、金名、衣娃、甑尼佛、苏玄玄等笔名。辽宁岫岩人，出生于上海。台湾女作家，历任多家报纸、图书公司、杂志社的编辑、编审、总编辑等职。创办并主编美洲《中报》的《东西风》文艺副刊。曾任台湾圆神出版社、方智出版社、先觉出版社发行人。

于丹在书院留影

曹又方在书院设坛开讲

余秋雨参观书院

【余秋雨】2007年10月14日下午，余秋雨参观万松书院。15日，应邀出席杭州西湖风景名胜区管理委员会、浙江广电集团联手推出，浙江电视台钱江频道、杭州市商业银行共同承办，杭州日报协办的“西子佳人”、“三评西湖十景”形象代言人选拔决赛晚会，并担任评委。

余秋雨1946年8月23日出生于浙江省余姚县桥头镇（今属慈溪）。大陆著名艺术理论家、文化史学家、散文家。

余秋雨漫步书院

下篇 · 万松书缘

万松书院又称万松书缘，得名于杭州市委、市政府于2007年2月起推出的三评“西湖十景”——我最喜爱的西湖新景点评选活动。

从2002年开始，杭州市委、市政府连续6年实施西湖综合整治工程。通过综合整治，使“一湖两塔三岛三堤”的西湖全景重现人间，“东热南旺西幽北雅中靓”的西湖新格局初步形成。西湖综合整治工程是一项还湖于民的“民心工程”、保护环境的“生态工程”、传承历史的“文脉工程”、提升城市品位的“竞争力工程”。在这一大背景下，以“和谐西湖、品质杭州”为主题，以西湖综合整治工程恢复重建、修缮整治的100多处自然和人文景观为重点，杭州组织开展了三评“西湖十景”——我最喜爱的西湖新景点评选活动。活动从2007年2月份开始，至10月底结束，经历了群众推举景名、景点投票、景名投票三个阶段，创下参评人数票数、参评景点范围、参评者地域分布、参评者年龄分布、参评者文化层次、评审专家阵容、参评参议途径、宣传沟

杭州名嘴阿通伯主持2006年相亲大会

杭州电视台阿六头主持2006年万松书院盛世婚典（王巽庠　摄）

通渠道、群众集体参评、多元附加活动10项之最。盛世修志，清平立景，一直以来，西湖十景是对西湖自然风貌形象的概括，是一种纯自然景观。然而，无论是南宋十景，还是1985年评选的新西湖十景，都不能完整地涵盖西湖的美丽、西湖的韵味，在西湖周围的山水之间，还蕴藏着太多太多的历史遗迹和人文信息。所以，这次十景的评选是在具备美丽的自然景观的基础上，再加入了浓厚的人文色彩，比如岳墓栖霞、万松书缘等，最后选定的十景完善了西湖景观的系统性和完整性，更好地凸显了西湖的人文底蕴。万松书院凭借幽静秀美的自然环境、丰厚浓郁的文化氛围、浪漫动人的“梁祝”爱情传说以及独具一格的亲和力，从145处参选景点中脱颖而出，以“万松书缘”之名位列新十景。在三轮评选中，万松书院收到市民、游客的选票逾万张，是人气最旺的景点之一。专家认为，万松书院是西湖周边唯一以书院文化为主题的文化公园，文化积淀深厚；市民认为那里是“梁祝”美好情感的源发地，特别的有人情味；游客认为万松书院景色幽雅，文

杭州电视台淘气宝主持2008年新春相亲会（邵群　摄）

化气息浓郁，较其他景点更有个性。于是，出现了社会各个阶层都力荐万松书院的热闹场面。确实，只要来到万松书院，总能寻觅到属于您自己的那份缘：您若是位学者或是对书院历史感兴趣，那么您可以仔细阅读展厅里的每段话，或摩挲石林中的摩崖题刻，您就可以穿越时空与闪烁着耀眼光芒的圣贤对话；也可以听听现代学者的讲座，在谈古论今中与书院结下**书缘**。由书成缘，因缘成书，“梁祝”故事深入人心，今天的万松书院已经成为人们寻觅良缘的好地方。您若是位有情人，或许还在寻觅自己的另一半，那么万松书院能帮您结上**情缘**。不信？您可以到万松书院相亲会去试试！您若是位爱心人士，总想帮助需要帮助的弱势人群，总想要为社会作点贡献，那么万松书院早已继承并扩大了记录在竹简上、史书中的儒家仁爱，为您搭建起公益爱心平台，您完全可以把书院当作反哺社会的舞台，在那里您可以资助失学的儿童，在那里您可以关心外来民工的生活疾苦，在那里您可以关爱需要帮助的残疾人士……只要您愿意，您可以与书院

万松书院设置的投票工作台

一起结下**善缘**，即帮助别人又涤荡自己的心灵。您若只是一名普通的游客，那也无妨，万松书院左江右湖的自然景色，加上优美的旅游环境、优质的旅游服务一定会让您感觉不虚此行，与书院结下意犹未尽的**游缘**。明代著名思想家王阳明先生曾经作为访院学士时常来万松书院为学子们讲学，“独有幽禽解相信，双飞时下读书台”不知是否是先生在课间闲暇时吟诵所得，却道出了西子湖畔书香之地的人与大自然的和谐相处，以及其中那份超乎寻常的美好情缘。如今，每年数以万计的游人来到万松书院，都会在这里寻找一下属于自己的那份“缘”，无论是书缘、情缘、善缘还是游缘，人们相信只要是发生在这里：发生在这所明清时期著名的学府之中、发生在“梁祝”美好情感的萌发之地、发生在这片秀美山水之间的所有故事，都将与“万松书缘”一起成为现代西湖的佳话。

一、书缘：万松讲堂

为了弘扬中国传统文化，将中华民族优秀的文化精髓代代传承下去，万松书院与浙江青年时报、浙江省对外服务公司国际教育培训中心合作，共同创办了“万松讲堂”。

（一）万松第一讲

“万松讲堂”的创办受到北京师范大学艺术与传媒学院副院长、著名学者于丹教授的关注和支持。2007年2月26日，于丹教授在浙江省图书馆报告厅内举办了题为“儒道相济，构筑人格两岸”的文化讲座，开启了“万松讲堂”的第一讲，并将此次讲座门票收入的一半（约15000元）捐赠给万松书院，用于资助“万松讲堂”的继续开办，她希望古老民族的传统文化能够在这里得到传承和发展。讲座获得了空前的成功，于丹教授用深入浅出的语言声情并茂地带领听众回到了2500年前，感受先贤的无比智慧和博大心胸；同时，为听众解读了人生在每个年龄段的困惑和应有的状态、态度和胸襟，她希望人们都能拥有自信成功的人生！讲座完毕，大厅内的掌声经久不息。结束后，于丹教授参观了万松书院。整个游览过程中，她不断惊叹并称赞万松书院环境幽

于丹留下墨宝

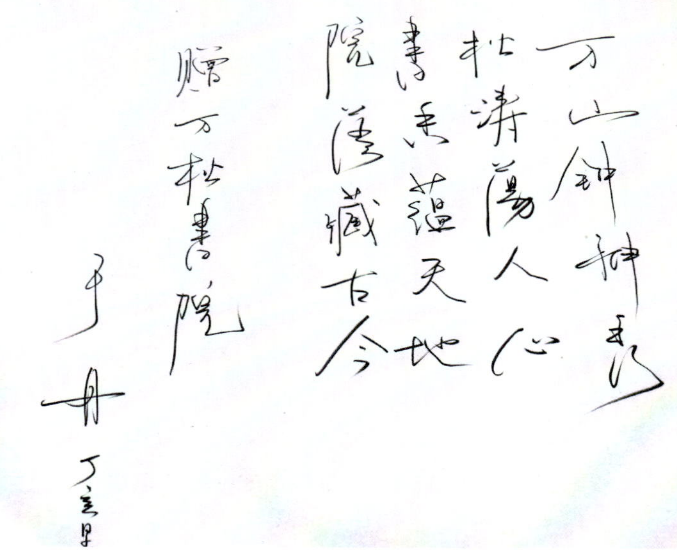

于丹为书院撰写的藏头诗

曹又方女士在书院

雅、书香浓郁，不愧是古代的高等学府，是读书养性的世外桃源！她希望下次有机会还能再来。临行前，于丹教授即兴写下一首藏头诗：“万山钟神秀，松涛荡人心。书香蕴天地，院落藏古今。”

（二）一个女作家眼中的生活品质之城

继于丹之后，港台女作家曹又方于2007年3月24日做客万松讲堂。有着特殊生命境遇和生活体验的女作家，在万松书院泮池旁开讲，题为《一个女作家眼里的城市生活品质》。曹女士与近千名观众分享了对于城市生活品质的独到认识，告诉人们如何做一个享受自我、享受生活的城市人，并从城市生活品质与个人幸福指数的角度，贴心讲述一座有着较高生活品质的城市所应有的精神特质，解读城市人该如何寻找交错的城市街道中那醒目的心灵路标。

（三）中韩传统文化交流

在全罗南道文化专门委员会委员、汉学专家崔汉善博士和浙江省对外服务公司的共同努力下，由韩国韩中文化交流协会组织全罗南道毕岩书院、光州广域市月峰书院、大成祠书院、罗州乡校的院长、典校，以及韩国政府文化官员、研究学者等共22人，组成韩国传统文化交流访问团，专程围绕中韩书院文化进行交流并访问了万松书院。

2007年10月31日，在万松书院举行召开“2007中韩传统文化研讨会”。中韩学者在大成殿共同祭拜了至圣先师孔子，然后以中韩书院文化的过去、今天和未来为主题举行了中韩传统文化（书院）研讨会。在会上，中韩双方代表均表示：今后将继续开展一系列书院文化交流活动，加强中韩书院间未来的沟通与合作，共同发挥传统文化对现代生活的积极影响，为杭州这座品质之城引来书香墨影！会上明确表示：韩国全罗南道的毕岩书院、光州广域市月峰书院、罗州乡校、光州乡校将与杭州万松书院缔结为友好院校关系，用实际行动增进中韩书院的交流与合作。

2008年8月1日—5日，应韩国全罗南道罗州乡校、昌平乡校的邀请，由杭州万松书院与浙江省对外服务公司组成的书院乡校文化交流考察团赴韩考察，并再次举行了中韩书院乡校传统文化交流研讨会。会上，万松书院与罗州乡校、光州乡校签定友好院校协议，中韩双方代表均表示：从现在起我们都将为传统文化的传播和交流作出不懈的努力。考察团一行先后实地探访了罗州乡校、昌平乡校、光州乡校以及光州广域市、全罗南道罗州市、昌平潭阳郡等地的部分文化遗产，并与罗州乡校、昌平乡校、月峰书院、毕研书院等乡校书院的代表进行了广泛的交流研讨，深入参与体验了韩国乡校的祭孔典礼仪式。一系列的参观交流和体验活动，增进了对中韩双方书院乡校文化的相互了解，加强了万松书院和韩国姊妹书院乡校之间的交流与合作，促进了双方之间的友好关系进一步发展。

儒教在当下的韩国，融入平常百姓的日常生活。每当寒暑假，学

2007年中韩传统文化研讨会

中韩代表互赠礼物

中韩代表在牌坊前合影

中韩文化交流

缔结友好书院

中韩文化交流研讨会

韩国学者祭拜孔子

开办小型心理辅导课（邵群　摄）

罗州乡校茶道课

生都可以免费到乡校学习，每周4天课，课程包括书法、汉字、茶道、礼节、体验传统游戏和传统音乐等。最令人惊奇的是有10%的韩国人能背诵如《千字文》、《论语》等十大经书。韩国之行，带给万松书院管理者很多的震憾和触动，作为传承传统文化的基地，我们能为社会做点什么呢？

于是一场名为“知中华传统美德、学汉家礼仪文化”暨杭州万松书院首届入学（入泮）的仪式，在考察团采风回国不久的8月30日在杭州万松书院拉开帷幕。这是一次以将要就读一年级的小学生为对象的公益活动，目的就是想通过非常隆重的入学仪式，让孩子知道从此之后自己应该成为一个不断学习、不断进步的学生，而不再是只知玩乐的小孩童，通过接触中国传统仪式，接受中国传统文化的浸润。

活动得到了广大市民们的热心关注，家长们都认为这样的活动很有意义。同时，此次活动也得到了杭州市各大媒体的关注，活动当天有《1818黄金眼》等20余家新闻媒体前来采

翩翩起舞

中外一家亲

书声（范忠勇　摄）

访报道。此次活动充分利用书院的内在渊源文化资源优势，促进传统文化和景区发展紧密结合。

书院里的书法课（顾益民　摄）

（四）体验求学之路

为了弘扬国学，培养儿童的古典文化底蕴和优雅情怀，万松书院与浙江省对外服务公司国际教育培训中心共同策划了一个面向青少年的“万松书院——体验求学之路”活动。

几千年来，儒家精神对中国社会的发展有着不可忽视的作用，虽然现在大陆未将之列入基础教育之中，但在台湾地区、新加坡、日本以及韩国，“国学教育”融合现代教育理念，在培养少儿热爱传统文化、加强个人修养、激发智商潜能等方面都取得了不俗的成效。

我们相信在文化底蕴深厚的杭州，在生活水平已经明显提高的今天，可以通过国学教育的熏陶、文化根基的加固来开启孩子的智慧。活动设置的主要课程是经学、韵文、古乐、书画、茶道等。希望在传统文化体验课堂里，通过与众不同的游历体验，让孩子们有意想不到的收获，既能欣赏古建筑与自然风光，又能领略中国传统文化的精深与博大，更能感受到与教室里不一样的课堂、与课文里不一样的情景。让孩子们真切地感受每一个所到之处，认真地记录每一刻的所见、所闻与感受，真诚地与每一个朋友交流与沟通，仔细体会古代圣贤教诲的礼让、谦虚、智慧、仁爱、孝敬，建立上进心、爱心、责任心，学会自立、自信、自尊。让我们的孩子从小在传统文化的精髓中受到浸润和熏陶，在不知不觉中成为中华文化的薪火传人。

（五）画出心中的书院

参与家乡建设，传承历史文脉。2008年4月12日，杭州青少年活动中心组织了杭州少年书画院社员在万松书院写生，让孩子们用稚嫩的画笔画出心中的书院，画出书院的春天。埋头画画的孩子也成了书院春天的一景。

"万松讲堂"的建立，让世人知道万松书院不仅是年轻人邂逅浪漫爱情的场所，更是学习和传承中国传统文化精髓的讲学之地；不仅有"梁祝"文化存在，更有传统的儒学和书院文化渗透其中，这是个飘散着浓郁书香的地方，在这里可以与文化名家面对面交流，在这里可以接触和了解更多的传统文化，在这里可以与书院结下深深的书缘……

学书法（王磊　摄）

二、情缘：万松相亲

“昔日梁祝有书缘，今朝相亲热杭城”，这是2007年西博会开幕式上对“万松书缘”景名的诠释，也是对万松书院现实意义的一种鉴定。

确实，如今的万松书院在许多人的心中就是传说中青鸟飞过的地方，是一个能寻觅到幸福的伊甸园，因为在这里祝英台找到了她心爱的梁兄。由书成缘，因缘成书，梁祝故事深入人心，以至今天的万松书院，又演变成人们寻觅良缘的好地方，四时假日，游人如织。陌上花开之时，踏青履痕之间，那一个个人间美好姻缘，因西湖山水的熏陶，成为难以忘怀的景致。每年新春将至，总有那么多的人来许愿树下许下新年的心愿；七夕之夜，杭城女孩，点燃一盏盏荷花灯，用传统的方式来这里乞巧，祈求幸福赶快降临；每周六上午更是一个没有约定的约会，风雨无阻，酷暑不避，数不清的父母为了孩子的幸福会如约而至，在寻寻觅觅中，创造出一片缘分的天空。

（一）相亲大会

万松书院相亲大会创办于2005年6月18日。当时，万松书院因连续遭受“非典”、“禽流感”后，景区内游客稀少、人气低迷。针对这些现象，景区有关

2006年盛世婚典（王巽庠　摄）

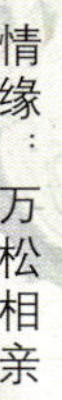

部门与《杭州日报》名牌部共同策划，旨在提高人气，吸引大家到景区来游览，定位为公益性质。

自2005年6月18日以后的每周六上午，万松书院相亲大会都如期举办，人们只要凭公园门票或公园IC卡就可在书院泮池边参加相亲活动，家长和孩子都可以在那里自由沟通、交谈，寻找合适的家庭及人选。由于起点较低，又不收费，相亲大会大获成功，受到了广大家长及子女的欢迎。经过两年多时间的运作，这项得民心、顺民意、弘扬爱情文化的活动，已经成为今日杭城的品牌文化，在社会上形成了很大的影响。

这一现象也受到了国内外媒体的关注。《人民日报》、中央电视台、中新社、新华社、《浙江日报》、《杭州日报》、《都市快报》、《新民晚报》等全国数十家媒体及网站都对此相继作了详细报道。香港凤凰卫视《鲁豫有约》栏目拍摄了专题宣传资料，为此，杭州市人民政府新闻办公室还作了专门的指示：凤凰电视来杭拍摄“父母相亲会”是宣传杭州文化的

2006年盛世婚典现场（王巽庠　摄）

相亲会现场

德国记者采访2008年新春相亲会（李忠　摄）

相亲会一直被媒体关注着（李忠　摄）

大好事，扩大了杭州在海外的影响。2006年，北京视听纵横电视传媒还两次专程来杭拍摄《中国式的爱情——万松书缘相亲会》，用于法国第五频道、美国国家地理、DISCOVERY等海外频道播放。2008年，日本电波新闻社和欧洲最大的私人电视台德国RTL电视台来书院拍摄新闻。日本电波新闻社通过搜索引擎发现杭州的中国红娘日公益相亲大会很是热闹，于是到书院拍摄，要做一个纪录片——《当代中国青年人的婚姻情节——杭州·父母的热切期盼篇》，力求表现当代中国人的婚姻观、家庭观。德国RTL电视台*explosive*栏目，意在发现世界各国新奇、勇敢、非凡的事件。在摄制组工作人员的眼中，父母相亲会既新奇也够非凡。说实话，每个工作人员在来杭州之前，对父母相亲会都有一些看法，来了之后更被一些东西触动，而他们也在触动一些社会学家对父母相亲的解读。

2006年6月18日，相亲大会创办一周年。这一天，在书院成功举办了首届“万松书院盛世婚典”，免费为10对新人举行集体婚礼，为10对金婚、银婚、钻石婚老人举行庆贺仪式，在社会上引起强烈反响，相亲大会渐被广大的杭州市民接受。

自2007年3月23日起，万松书院与《钱江晚报》“情感红绿灯”栏目合作，每周六上午派钱报记者随同高级婚姻家庭指导师，坐堂相亲会，与有需要的游客聊聊情感话题，现场帮助他们解决恋爱、婚姻、家庭生活中存在的一些困惑，受到前来参加相亲会人们的热捧。

2007年5月26日，万松书院相亲会举办了第九十九期，为了庆贺这个特殊的日子，书院特意组织了海归和IT人员专场，活动的口号则是“等您已久，天长地久！”2007年11月24日，来自上海、杭州两地近百名单身男女，在万松书院举行“双城恋”主题活动，促进两地青年男女的相互交往，通过有益的相亲活动带动城市文化和生活品质的传播。活动中，两地单身男女戴着面具，做起了需要相互配合的游戏：浪漫温馨的“情人蜜语”、猜词游戏“心心相印”、调侃谐趣的恶作剧“喝

相亲会现场（李忠　摄）

儿女的终身大事牵动着父母的心（李忠　摄）

“情感红绿灯”现场

2006年盛世婚典（李忠　摄）

掀起你的盖头来（邵群　摄）

酱油”等等，在游戏中增进彼此的了解，寻找相互默契的爱人。类似这样的交友活动越来越受到年轻人的青睐，因为有相亲大会的火暴和人气，所以万松书院成为举办这类活动最适合的地方。

2008年2月17日，农历大年初十，万松书院举办新春首场相亲会。也许是落单的人们都想在新年里给自己找一个伴，当天的相亲大会异常火爆，一个上午前来参加活动的人数就超过3000人，刷新历史纪录。更让人没想到的是，这次相亲会还吸引了两位德国记者。新年相亲会上，家长的观念正在发生变化，虽然职业、收入、学历等仍是选择未来女婿和媳妇的重要标准，但现在父母们考虑更多的还是双方子女是否谈得来。

2008年3月13日，在万松书院举办丽水、杭州两地夕阳红婚典，近百对银婚以上的老夫妻身着唐装，在书院参加婚典，重温爱情誓言：“执子之手，与之偕老。”爱情童话在这里实现，看得过路的年轻游客艳羡不已。如今，万松书院相

送上一份祝福 · 2006年盛世婚典（王巽庠　摄）

等你已久　天长地久 · 2006年盛世婚典（李忠　摄）

欢聚天堂 · 2003年万松书院夕阳红婚典

亲会已经成为杭城家喻户晓的品牌了。回顾过去的岁月，无论是风雨侵袭还是烈日曝晒，相亲会都如期举办，坚持不懈地为大家服务，从未中断过，所以拥有众多的支持者，越来越多的人会在周六上午来万松书院参加这个与陌生人的约会，他们认为这样省时、省力、省心……万松书院相亲会迄今为止已举办了130余期，参与人数达30万人次之多，现有服务资源近3万人。据不完全统计，现在已有数千位家长在这里为子女找到了合适人选，数以千计的年轻人已从这里坠入爱河，数以百计的恋人已步入结婚的礼堂……又有数据反映，万松书院相亲会参加人数逐年递增，且有继续增长的趋势，越来越多的是特意从外地赶来的人们……衷心祝愿更多的有情人能相逢在万松书院，能追寻到属于自己的幸福情缘，创造出和谐美满的生活。愿天下有情人终成眷属！

万松书院相亲会（李忠　摄）

心愿（范忠勇　摄）

（二）愿上灵树

众所周知，万松书院是梁山伯与祝英台同窗三年的地方，这个浪漫故事流传至今。其实，在书院还有一个故事在流传，那是个关于许愿树的传说：相传，明朝万历年间，万松书院刘生夜梦孔子。先师谆谆曰："愿上灵树，路路皆通。"刘生依言而行，将写有愿望的字条抛

许愿亭

到大成殿后的灵树上。几年后，刘生状元及第，衣锦还乡。从此以后，“愿上灵树”渐成杭城民俗，那两棵能为祈求者达成心愿的许愿树也被称为“灵树”。

1. 春天让心愿放飞

2005年4月，万松书院举办“春天让心愿放飞”主题活动：有摄影比赛、心理减压讲座、许愿树下许心愿等。这次活动首推“许愿树下许心愿”活动，拓展了书院游览项目，同时吸引了不少学生和背包族的参加，改变了万松书院以老年游客居多的社会印象。

2. 许一个新年愿望

连续几年，万松书院与《钱江晚报》一起邀请新杭州人来书院祈福，许一个新年心愿。

2008年春节，20多位新杭州人在“许愿树”下许下自己的新年心愿。这是《钱江晚报》为新杭州人推出的新年“五个一”活动的一部分。

3. 为爱点盏幸福灯

万松书院联手《钱江晚报》“湖畔风月”栏目，推出“七夕湖畔放

点灯许愿

花灯祈福”活动，邀请对美好爱情充满向往的都市单身女性参加。

“银汉迢迢，鹊桥归路。柔情似水，佳期如梦。”2007年8月20日晚，传统的“七夕节”，晚风习习的书院，处处弥漫着浪漫气息。近百名女孩将事先准备好的心愿卡挂上许愿树，结伴来到泮池边，点亮莲花灯，放入池中……一时间，时尚女子仿佛化身古代那依水的姑娘，轻挽罗袖，沐月而歌，在静悄悄的星空下，遥向明月默默许下心愿，为未来祈福。

情侣餐、送玫瑰表情、互赠礼物，无论是西方的情人节，还是中国的情人节“七夕”，恋人们在那一天总是绕不开这些节目。“为爱点盏幸福灯”这种将古典、神秘、浪漫、时尚等诸多元素糅合在一起的、新颖的中国情人节的过法，受到女孩们的喜爱，她们认为：单身女生们独自赴约，没有相亲的矜持与功利；有自己的愿望陪自己过节，没有情人的情人节没有落寞；这是一次传统与时尚的对接，万松书院有“梁祝”的美好传说，是一个充满传统意蕴的爱情福地，在这里参加一次单身女性的派对，特别的纯真、特别的美好。

三、善缘：万松公益

千百年来，儒家提倡的“忠孝、仁爱、信义、和平”一直是中国人遵循信奉、与人向善的社会准则。万松书院创办至今，十分重视并热心参与各类社会公益活动，通过帮助弱势群体、资助失学儿童，搭建起了具有社会影响力的慈善公益平台，一方面为世人造福，反哺社会，为创造和谐社会作出应有贡献；另一方面继承并扩大了记录在竹简上、史书中的儒家仁爱，拓展了书院传统文化的意义和功用，从而提升书院的知名度和美誉度。所谓“春风化雨，福洒人间”，相信就是因为这里特别有人情味、有好人缘，人们才会用“万松书缘”来给它命名。

（一）“反哺母亲河”慈善摄影展

2007年11月16日，一场为期一周、由万松书院和都市快报联合主办、一批旅游企业家发起的“反哺母亲河——开化慈善摄影展”及慈善义卖活动在万松书院开幕。浙江省政协副主席吴国华，杭州日报报业集团总编辑赵晴，副总编辑、都市快报总编辑杨星，西湖风景名胜区凤凰山管理处书记陈永明，万松书院总经理邵群和开化县委常委、宣传部部长汪权龙出席了开幕式。近千名杭州市民冒雨参加

社会各界热心捐助

摄影展开幕式

摄影展现场

开幕式，1个小时内卖出33幅作品，义卖金额超过5万元。其中，傅拥军的作品《小弟》和顾勇的《龙顶茶》各卖出1万元。此次义卖所得全部捐赠给开化的教育事业，所有作品还无偿捐赠给开化县委、县政府。

开化慈善摄影展在杭城拉开帷幕后，从普通市民到市长，从青年学生到退休老人，从务工青年到企业老总……都被开化人民为保护好母亲河源头生态所付出的一切深深感动着。三天后，已筹得善款15万余元。11月21日下午，杭州市市长蔡奇专程赶到摄影展现场，在认真观看了摄影作品后，用5000元钱选购了一幅金像奖得主傅拥军拍摄的摄影作品，作为对反哺母亲河慈善摄影展的支持。

此次摄影活动，使一群有志于帮助开化县贫困儿童的热心人士在书院结下了善缘。

为了确保钱塘江源头的洁净，开化县出台了一系列保护生态环境的举措。这个曾经的富庶之地也因此成为浙江的"欠发达县"，GDP、人均GDP、农民人均纯收入等主要经济指标均名列浙江末端。开化人为了保护环境而甘守贫困的义举被总部在杭州的都市快报浙江新闻部的记者发现。在持续20多天的深入采访之后，心灵受到了震撼的记者写出了震撼读者的报道：为了保护钱塘江的水源环境，到2003年，开化县关闭了各类污染企业167家，开化的水质因此一直保持在一、二类水标准。但这些企业的关停也造成了4000多人下岗。全县30多万人口，有8万余名主要劳动力外出打工，其中15岁以上50岁以下的壮劳力几乎全部在外地打工，在开化的绝大部分乡镇，除了春节外，基本上看不到年轻人的身影。而在8万打工人口的背后，则是11052名留守儿童。对他们而言，能和自己的父母待在一起，就是最幸福的事。开化县需要补助的人口占全县总人数的5%以上，被列入弱势群体需要补助的有16780多人，而在浙江的许多发达地区，基本上没有超过3%。钱塘江的源头大溪边乡2006年的农民人均纯收入是3667元，还不到杭州农民人均纯收入的一半。

《都市快报》从"感恩"入手，做"反哺"文章；从"关注"开场，达"帮助"目的。2007年6月13日，推出了第一篇报道《在浙江的版图上我们为什么要关注这个叫开化的地方》。报道的肩题是：《一条哺育了我们世代的母亲河，今天，我们反过来能为她做点什么》，同时还配发了《都市快报》首席评论员的评论文章——《对一种贫困我们要学会感恩》。随后发起了"反哺母亲河"的社会援助、摄影展及拍卖会。这些活动被《都市快报》等媒体连续报道后，引起了社会各界对欠发达地区的关注，激发了杭州人民"感恩开化人，反哺母亲河"的热情，帮助开化县解决了一些实际问题，增强了开化人民创业富民、创新强县的信心，产生了良好的社会效益。

（二）给新杭州人送温暖

2007年春节，万松书院与钱江晚报合作，为新杭州人和在杭务工者举办了新年许愿、"情感红绿灯"——面对面专场活动。

所谓新杭州人，就是指原籍不在杭州，由于读书或工作原因

“梁祝”送元宵（李忠　摄）

“梁祝”送花灯（李忠　摄）

来到杭州并逐渐定居下来，为建设杭州默默奉献的人们。为了他们有个幸福祥和的新年，《钱江晚报》牵头为“新杭州人”推出了新年“五个一”活动。其中第三项——“新年许愿”，2月10日上午在万松书院举行。20多位新杭州人来到书院的“许愿树”下，将新年愿望写在许愿宝碟上，挂上许愿树，为祈求来年心想事成许下心愿。活动结束后，参与者纷纷表示：万松书院是古代江南第一大书院，在这样一个书香氛围浓厚的地方，别有一番感受，记忆会特别深刻。

下午，新杭州人“情感红绿灯”——面对面专场活动在泮池旁举行。“情感红绿灯”活动关注的是在杭城中的民工群体的婚姻情感问题：他们独自在杭城打拼养家，长年在外，而留下妻子在老家照顾老幼，长期的两地分居容易遭遇婚姻的“红灯”。15位婚姻家庭专业指导师们与民工面对面，利用自身所学相关知识，面对前来咨询的民工，耐心倾听，详尽解答；不少民工在现场纷纷倾诉，说出自己遭遇的各类情感婚姻问题，向指导师们求助。活动结束后，婚姻家庭指导师们表示：社会要更关心民工的精神文化生活，帮助民工及其配偶树立健康的婚姻观念，今后要为弥补民工家庭亲情缺失做点实事，使那些家庭“绿灯”逐渐增加起来。

（三）游览车里演“梁祝”

杭州市万松书院艺术团的几位演员在西湖游览车上演绎“梁祝”故事，引起了乘客的浓厚兴趣。万松书院经常参加类似的公益活动，免费提供场地、免费提供讲解服务、免费提供茶水、派书院艺术团参与公益演出等。万松书缘，由缘而起，因缘而兴。由此可见，创办500余年的万松书院凝结的不仅仅是文缘、情缘，更是善缘。寻找自己幸福的缘由，知恩图报，反哺施恩于自己的好人，社会将因此变得更加和谐。“滴水之恩，当涌泉相报”，这是中华民族之美德，在市场经济发展迅速的今天，我们依然需要传承这种美德。

旅游车里演“梁祝”

万松书院热心参与公益活动

四、游缘：万松旅游

（一）游园指南

1. 古乐舞表演

古乐舞是万松书院颇具特色的游览项目，它包括尊孔祭孔礼乐舞和成人成家礼乐舞，每天上、下午各演一场，时间约30分钟。

尊孔祭孔礼乐舞（李忠　摄）

孔子是中国历史上伟大的思想家、教育家，被历代帝三、教育家、学子奉为至圣先师，受世代尊崇和膜拜。据《礼记·文王世子》规定："凡始立学者，必释典于至圣先师。"这就是我国古代学校以"释菜"、"释典"来祭祀至圣先师孔子的来历。我国明代学宫及书院大致沿用了这一礼仪。万松书院一直沿用传统的祭祀程式和规程，且祭器祭田齐备。每年在春（二月初三）、秋（八月初九）两季举行大祭，每月朔（初一）、望（十五）两日也要拜谒先圣贤哲。

古代由孩童到成人，即满14周岁时，须要举行十分庄重的加冠仪

艺术团表演的"梁祝情"

式，加冠后即表示已是成人，必须承担成人的责任和义务了。

为表现尊孔祭孔的礼制与渊源，再现古人的成人加冠礼，万松书院按古乐编排了集乐、歌、舞于一体的节目，让游人在观赏节目的同时，对古代的祭祀礼制、成人成家的风俗有直观的认识。

艺术团表演“乾隆帝幸临书院”

茶艺表演引来众多游客前来品尝

2. 茶座·茶艺

万松书院茗露芗茶寮、正谊堂、毓秀阁、见湖亭露天茶座，都是休闲、赏景、会务的理想场所。茗露芗茶寮、见湖亭露天茶座可同时接待600余人，适合单位团体活动。毓秀阁、正谊堂室内陈设高档，布置优雅，可同时接待20余人，适合小型会务与高档次接待。游人在此可将湖光山色和着龙井茶、虎跑水一起喝进心里去。在2005年西湖开茶节上，万松书院艺术团队表演的《书院茶艺》受到了好评。《书院茶艺》背景音乐一响起，人群陷入了静默之中。原来，这个茶艺节目讲述的是梁山伯与祝英台在万松书院读书、相识、相爱的故事。伴随着《梁祝》清扬哀转的音乐，看着茶艺姑娘伤情的表演，似乎每个人的心底都已经被触动，都被带到了那个凄美的故事里。直到表演完后几十秒钟，人们才回过神来，发出了热烈的掌声。美丽动人的湖光山色，悠扬空灵的琴声、歌声，精湛娴熟的茶艺表演，自然地构成了一幅感人至深的和谐画面。

精湛娴熟的茶艺表演（邵群　摄）

3. 餐饮美食

芷兰轩餐厅提供地道的江南美食与颇具书院特色的美味佳肴。有根据书院学生、清著名诗人袁枚《随园食单》记载烹饪的江南美食，有根据乾隆帝下江南时的菜谱烹制的“御宴”。芷兰轩餐厅有“见贤思齐”厅、沐恩堂、知乐厅等豪华包间，陈设高雅，光看餐厅的名称就知道这里主要享用的是文化。此外，万松书院里的美食点心也颇为精致可口，其中以状元饼、万松书卷最具特色。

茗露乡茶寮（邵群　摄）

芷兰轩（邵群　摄）

毓秀阁（邵群　摄）

见湖亭露天茶庄（邵群　摄）

万松书卷

见贤思齐厅（邵群　摄）

沐恩堂（邵群　摄）

状元饼　主要以小麦粉、酥油、鸡蛋为主料，配以龙井茶叶、白砂糖等调料，以磨具压制烘烤而成。特点是外观精美，口感清新。状元饼的创意紧扣万松书院科举文化主题，既有“金榜题名”中状元的古意，又有“行行出状元”的新意；以新鲜的龙井茶汁揉面拌馅，将书院文化与西湖茶文化巧妙融合，使状元饼更有深意。

万松书卷　采用小麦粉精制的春卷皮、鲜肉等为主料，新鲜猪肉剁碎拌以优质的龙井茶叶、笋丁作为馅料，放入油锅中慢炸制成。特点是外松内酥，茶香阵阵。书卷是紧扣万松书院教育教学主题的，蕴含了“开卷有益”和“读万卷书行万里路”的文化内涵，将书院文化和中国的茶文化更好地融入在一个个小巧精致的书卷之中。

以“绿色、健康、创建”为宗旨，精心研制而成的“状元饼”和“万松书卷”，这两道富有书院文化特色的点心，分别荣获2007年杭州国际茶宴设计大赛金奖和银奖。

4. 特色纪念品

《万松书院》　于2003年

杭州出版社出版，是一册由马时雍主编、邵群等撰文的景点宣传书，深受游客欢迎。

许愿卡 写下您心中所愿，然后挂上许愿树。这是万松书院最具特色的游览项目和纪念品。

状元饼 是将书院文化与西湖茶文化巧妙融合的特色点心，获2007年杭州国际茶宴设计大赛金奖，是万松书院最受欢迎的纪念品。

水晶之恋 是以“梁祝”故事为背景，特为书院设计的水晶摆件，玲珑剔透，深受年轻女性游客的青睐。

《杭州印象》 是为三评西湖十景活动宣传而创作的CD，其中收录有万松书缘形象主题曲。

5. 自助游贴士

一日游：上午9：00左右入院。进入书院后您先别忙着游览，建议您先在泮池旁的茗露芗茶寮坐下来，泡杯龙井，呼吸下书院中独有的“书卷气”吧！（30分钟）

9：30，观看由万松书院艺术团为您表演尊孔祭孔、成人成家礼乐舞及“梁祝情”等节目。（约45分钟）

然后，在书院专业讲解员的引导下，游览仰圣门、明道堂、大成殿、观风偶憩亭、于子三烈士墓。（约1小时）

中午，在芷兰轩餐厅品味根据书院学生、清著名诗人袁枚《随园食单》记载烹饪的江南美食。

下午，继续由讲解员带领参观民国时期平台，先在许愿树旁许个心愿。然后，依次游览留月崖、芙蓉岩、见湖亭、正谊堂、观音堂、草桥亭、浣云池几个景点。若有时间，还可以在曾经的教室“正谊堂”或见湖亭畔，再来杯龙井茶，面对近在咫尺的雷峰塔，面对似萦绕在耳畔的朗朗书声，你是否会忘却世事的烦扰？若再有兴致，可以在最佳观景位置欣赏完“雷峰夕照”后再去品尝根据乾隆帝下江南时的菜谱烹制的“御宴”。

一日的游程，可以让您既了解古代书院中师生的生活，亦能让您领略梁山伯、祝英台曾经在这里的浪漫故事，可谓虚中有实、实中见虚，虚实相间是现实之旅的完美结合。

半日游：半天的游览，只要时间抓紧，也是可以游完全部景点的，游程安排可参照一日游。当然，脚步得快，休息会更少，吃饭、品茗和购物的时间得考虑，甚至取消。如果只有半天时间，就应当事先计划好放弃一些游赏对象。但明道堂是一定要去的，《中国古代科举大观》可是书院的“镇院之宝”。大成殿的孔子也要去拜一拜的，梁祝书房也可稍作停留。总之，周密的计划，肯定会有助于您充分利用每分钟。

两小时游：两小时游书院，您只能省略其中好多的景点，走马观花，对其中的细节是不能有太多的了解，最美的留月崖也只能遗憾地存在您的想象之中了。

必须提醒的是：尽管时间非常紧迫，但还是要注意悠着点，安全第一。

一小时游：就算是识途的“老马”，只有一小时想游遍书院，那也是很难的，不过书院犹如一杯龙井茶，第一杯太淡，第二杯清冽甘甜，余香满口，需要“品”出个中之味。建议不妨先带一本《万松书院》回去，待您再来时，心中也就了如指掌，没有导游也能了解曾经发生在书院处处的故事。

6. 公交线路指南

●102路直达万松岭站下车

●834路直达馒头山社区站下车，往万松岭路直走可直达

●K13、308、195路在凤山门站下，转乘102路直达

●K4、12、809路在清波门站下，转乘102路直达

7. 服务咨询热线

TEL：0571—86079490

http://www.wsshuyuan.com

万松书院游览示意图

北

万松岭路

中山纪念林

往凤凰山、将台山

老虎洞窑址

① 万松门	⑨ 袁枚像	⑰ 茗露芗茶案	㉕ 明道堂	㉝ 石林
② “万松书院”牌坊	⑩ 张載像	⑱ “二程”像	㉖ 颜乐亭	㉞ 露天舞台
③ “敷文书院”牌坊	⑪ 王守仁像	⑲ 仰圣门	㉗ 曾唯亭	㉟ 休闲场地
④ “太和书院”牌坊	⑫ 泮池	⑳ 金甡像	㉘ 大成殿	㊱ 见湖亭
⑤ 桃李坪	⑬ 齐召南像	㉑ 朱熹像	㉙ 民国时期平台	㊲ 观音堂
⑥ 民国时期牌坊	⑭ 浣池	㉒ 毓粹门	㉚ 观风偶憩亭	㊳ 停车场
⑦ 商辂像	⑮ 可汲亭	㉓ 居仁斋	㉛ 于子三墓	㊴ 节义亭
⑧ 周敦颐像	⑯ 景区办公室	㉔ 由义斋	㉜ 毓秀阁（“梁祝”书房）	㊵ 售票亭
㊶ 正谊堂	㊷ 芷兰轩			

（二）遗珠重拾

1. 中国古代勤学典故

桑维翰立志 桑维翰是唐末五代时期的名士。史载，他屡试不第，朋友劝他另寻出路。为此，他铸了一方铁砚，发誓说："铁砚磨穿乃改业。"终于在后晋天福年间（936—942）考取进士。

刘式"墨庄" 刘式在宋初官至刑部侍郎，清廉终生。逝后，其妻教诲儿子们说："你们的父亲别无积蓄，惟有藏书数千卷，他留给你们的不是'钱庄'而是'墨庄'，希望你们刻苦学习，发奋读书。"后来，刘式后人皆遵遗教，各有成就。

方逢辰编书 方逢辰是南宋理宗时的状元，官至兵部侍郎。《国史》由其修撰。因不满贾似道专权，称病辞归，授徒讲学，著述甚多。其《名物蒙求》向儿童介绍了自然界与人类社会各种知识，可称是宋以来的优秀儿童读物。

范公划粥 范仲淹是北宋著名政治家和文学家。幼贫，在邹平南醴泉寺僧舍自学，每日煮粥一锅，划为四块，每餐仅加葱、菜叶，和盐而食，如此3年。后中进士，历任要职，终成一代名臣，王安石推之为一世之师。其《岳阳楼记》被千古传诵。

吕蒙正勤读 吕蒙正是北宋大臣。小时与母为父所逐，至龙门山利涉院凿山洞而居，寄食僧寺。常常因晨读错过了吃饭，只好以一冷馒头充饥。后中状元，官至宰相。

杜衍苦学 杜衍，北宋大臣。父亲早死，母亲只好带他改嫁，但继父不容杜衍，为此流落江湖，替人抄书自给。即使在这样艰难的条件下，杜衍仍苦学不辍，中进士后得殿试第四名，仕至宰相。史载，他一生清廉如水，颇受好评。

程门立雪 为尊师重教的典故。北宋学者杨时，世称"龟山先生"。40岁时，与游酢一起去见老师程颐。但老师正在闭目养神，杨等不敢打扰，便在门外鹄立如仪。待程颐休息后醒来，天色已晚，程就让他们明天再来。此时，门外已雪深一尺。这段故事，后人称"程门立雪"。

王育亡羊 王育为晋代学者，幼时替人放羊，每路过学校，想到家贫不能上学，便伤心落泪。于是刻苦自学，折蒲叶写字，竟忘了照顾羊群，以至丢失了数只，遭到羊主罚责，只好卖身自赎。同郡许子张听说后，替他赔羊，并供他衣食，让他与其子女一起读书。后来王育博通经史，大有成就。

欧母画荻 北宋欧阳修，4岁丧父，家贫无钱买纸笔，母亲郑氏折苇作笔，画沙教他识字。后欧阳修两试国学、一试礼部，全部名列第一，名冠天下。历官至参知政事，为一代文豪。

祭祀图

李密苦读 隋时李密少贫，为人放牛。相传他将书挂于牛角，随时苦读。其《陈情表》为千百年传诵的文学名篇。

锁阁读书 南宋胡寅由伯父胡安国养为己子，幼时桀骜不驯，被伯父关在空阁之中。阁内藏有图书千卷，胡寅一一拿来熟读，一年以后皆能背诵。后中进士，授秘书郎。

孙康映雪 孙康为晋代人，官至御史大夫。少时家贫，点不起灯，便借雪光夜读。著名成语“孙康映雪”即由此出。

孟母断布　孟子小时辍学而归，孟母问其原因，答已学得差不多。母持刀段布，说：“织布也差不多就行吗？半途而废就与断布一样！”孟子顿悟，从此勤学不辍，终成“亚圣”。

孙敬悬梁　晋代孙敬读书至深夜，怕倦怠，遂将头发系到房梁上，这样倦时低头即被扯醒，乃再读。成语“悬梁刺股”中的“悬梁”就指此事。

凿壁借光　匡衡为西汉时人，家贫好学。白天替人做工，夜读无灯，征得主人同意，凿墙洞借光读书，后世视为苦读的楷模。

考课图

2. 碑刻文物

万松书院碑刻大多为书院创办后，由书院师生及地方官绅所镌刻，涉及内容广泛，撰书者都为当时的著名学者。碑刻文物是研究万松书院乃至浙江教育发展史的实物史料，有着重要的文物价值和社会价值。

明刻“正德庚辰九日”　明正德十五年（1520）九月初九日，监察御史刘栾、张鳌山、方豪及王舜渔等人同游留月崖时所刻，是万松书院现存最早的摩崖题记，具有很高的文物价值。题记刊刻于书院西侧留月崖之石匣泉边的岩壁上，全文为“正德庚辰九日监察御史刘栾、张鳌山，主事王舜渔、方豪□”，楷书。

方豪为明代刑部郎中，有诗名，在石屋岭畔建有“齐树楼”。他常邀约好友纵情山水之间，或登山，或泛舟，倚栏长歌，登高赋诗。时人说他风流不下李白，气质类似子美，是一位豪气文章兼备的人物，西湖周围的山上留有不少他的遗墨。

明刻“□汉秋阳”　明万历十一年（1583）立秋日侍御张文□所题，是万松书院仅有的几处明代石刻之一。位于芙蓉岩上，横排，左有

明“□汉秋阳”题刻

明“万古嶙峋”题刻

落款，较正文略小。

据专家推断，题记原文应为“江汉秋阳”四字，誉孔子的思想如江上秋阳，普照书院莘莘学子。

明刻“万古嶙峋” 明万历年间侍御张文□所刻，位于芙蓉岩上。大字正楷，遒劲饱满，充满张力，字径约1米。左有落款，较正文略小，漫漶多字，不可辨认。从落款与书写风格看，应与题“□汉秋阳”者为同一人。

清刻“登峰” 清康熙三十七年（1698）春董鄂博泰题，位于芙蓉岩上，毗邻见湖亭。正楷，清秀俊逸。右有年款“康熙戊寅季春吉日”，左为落款“董鄂博泰题”。

清刻“有美” 清康熙年间浙江巡抚张鹏翮所题，位于芙蓉岩石壁上，旁有“登峰”两字。登临此处，远眺西湖，景色尤为秀丽，故称“有美”。字径30厘米，左有落款“遂宁张鹏翮题”，风化剥蚀，较难辨认。

清刻绝句两首 清康熙年间浙江巡抚张鹏翮游留月崖时所题绝句两首，位于留月崖最高处。张鹏翮，四川遂宁人。康熙三十三年

清“登峰”、“有美”题刻

(1694)，曾主持重修万松书院夫子殿并撰记文。题刻书体为行楷，飘逸俊美。诗句对仗工整，意境悠远。左有落款。兹录诗句于下：

山水多情似画图，瑞云深处见城隅。
文章□□□□□，花满西溪月满湖。

留月岩前远岫孤，山光云影落平无。
凭高一望江湖净，海阔天空气象殊。
□□留月岩遂宁张鹏翮题

清刻“时雨圣化” 清康熙五十五年(1716)仲春张文炳书，位于芙蓉岩上，近有“□汉秋阳”题刻。竖排阴刻，正楷，字径35厘米，饱满刚劲。左有年款“康熙丙申仲春”，右为落款“布经张文炳书”，略小于正文。

清刻“卓尔”、“独立石” 同为张文炳所题，位于毓秀阁院内的一块独立的岩石上。整块岩石突兀挺拔，卓乐不群。“独立石’三字刻

清“卓尔”、“独立石”题刻

于岩石上端，竖排。“卓尔”位于其下，横书。左有落款，略小于正文。两题刻字径同为20厘米，楷书，清瘦刚毅。

清刻《新建敷文讲学之庐记》 由叶赫崧骏撰文、刘树棠书。碑高150厘米，宽80厘米，全文18列，共583字。原碑残裂破损为三块，漫漶多字，现存于杭州市第七中学葵巷校区内。2002年按前人拓本重刻，且立于居仁斋庑廊左端。

清光绪年间，浙江巡抚叶赫崧骏、布政使刘树棠在杭州葵巷另建敷文讲学之庐，同时将敷文书院作古迹加以保护，供人凭吊。《新建敷文讲学之庐记》即记载了这一史实，是研究万松书院历史沿革的重要实物史料，具有很高的文物价值。兹录碑文于下：

杭州城外万松岭之巅，旧有敷文书院，圣祖仁皇帝翠华南幸，亲洒宸翰，颜其堂，曰“浙水敷文”，嘉名所由肇也。咸丰辛酉，会阳九之厄，炀□劫火，倾垣圮屋，断续仅存。历经前任使者递加修葺，迄未复旧制之什一。骏抚浙之初即拟复建，一时苦无钜款。且兵燹后，地僻人稀，日用所需动形室碍，士子既横经不适，而院长憩息尤不能安定□居。荏苒三载，心窃愁焉。

今年春，商同刘方伯树堂筹集银蚨，略有成数。因量为变通，将于城内分建讲舍。适邑绅丁大令丙来见，语骏：有葵巷民廛正思求售。遂属其前往，谐价既得其地，则一切兴作，并属大令董正其事。于是直绳缩版，凡堂宇尚可仍旧者仍之，其当改作者改之。骏与方伯复加省试。而讲堂之豁间、学舍之宽容、与夫地台花木之掩映、栏楯轩槛之凭、临庖湢井之细琐，次第具举，洵足敷教而修文矣。

然万松岭之旧地，环山面湖，钟扶舆清淑之气，钜人长德代出之，生实文教所由隆盛，未敢听其久而湮没。且曩祀至圣先师正殿尚幸岿然，兹谨加崇饰。余则缭以周垣，令人人守其室，护其薪木，以待后之君子渐次规复。而新建之院则别为敷文讲学之庐，多士养息其中，与院长晨夕讲肄。春华秋实蔚为通儒，上以光国家朴棫菁之化，下以□□先辈著作之林。此固骏与方伯所厚望也。今骏将迹舆入都，因着其巅末而刊诸碑石。钱塘县伍大令桂生、邹广文在有劳也，例得备书。

光绪十有八年岁次壬辰季春，抚浙使者叶赫崧骏撰，护理巡抚布政使、滇南刘树堂书。

清光绪十八年题刻 清光绪十八年（1892）布政使刘树棠在城内建敷文讲学之庐后，又在万松岭补植千余株松树，并勒石以记。题刻位于“品”字型牌坊右下方石壁上，由刘树棠撰书，绍兴人吴隐、杭州人俞逊刻，隶书，字径约15厘米，书体端秀，清晰可辨。左有落款，略小于正文。

清光绪二十年禁示碑 光绪二十年（1894），时任浙江巡抚刘为因万松书院故址屡有“借地堆物，招人栖止，厝棺盗葬，争伐枯木”等情况发生，危及书院大成殿及其他建筑，故勒石立碑，以告诫民众。碑高154厘米，魏碑体，有年款“光绪贰拾年贰月二十四日给”，且

清光绪十八年题刻

加盖满文印，字迹清晰，保存完好。该碑是2002年重建万松书院时在原址中发掘的，是一件极具研究价值的珍贵文物。

题刻“望湖石”、“石匣泉” 为万松书院较为著名的一处摩崖题刻，多见于《湖山便览》、《西湖游览志》等书籍。位于留月崖上，楷书，字径20厘米，有落款，疑为“田一芝”。题刻“石匣泉”也位于留月崖上，有落款。据载，此处原有一眼清泉，水质清冽，汩汩潺潺，是书院最幽美恬静之处。如今泉水虽干，然景色依然入胜。两处题刻应出自同一人之手，惜无年款，作者生平亦不详。

题刻“宝座”、“石倚” “宝座”题于一酷似太师椅的天然石岩旁，与“石匣泉”相近。“石倚”题刻又与“宝座”毗邻，两题刻字径同为20厘米，无落款，四周石林如猛虎似吼狮，极富动感。

题刻“青天白日” 位于芙蓉岩上，楷书，端庄大气，笔力凝练，字径85厘米。左有落款，略小于正文，仅见“白□”，余则风化不辨。

题刻“日光玉洁” 位于“万古嶙峋”上坎，字径约50厘米，书体饱满有力，形象地描绘出日光照耀下石林泛出玉石般的光芒的动人景象。

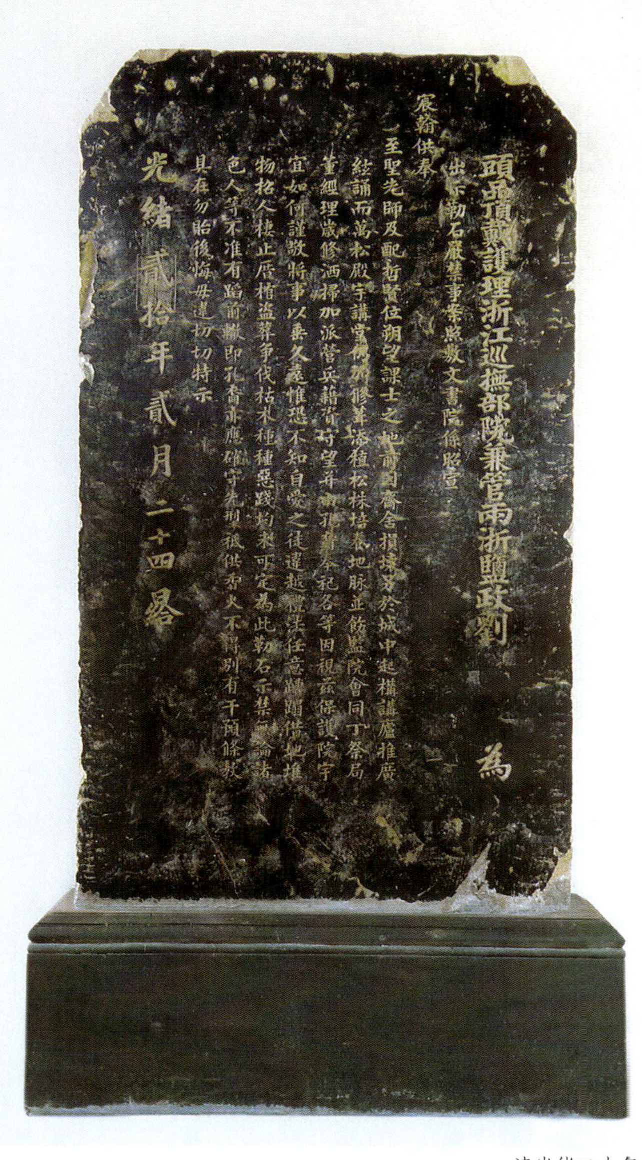
頭品頂戴護理浙江巡撫部院兼管兩浙鹽政劉 為
出示勒石嚴禁事案照敷文書院係聖
宸翰供奉
至聖先師及配哲賢位朔望課士之地前因齋舍損壞另於城中起構講廬推廣
絃誦而萬松殿宇講堂仍須修葺添種松株培養地脉並飭鹽院會同丁祭局
具在勿貽後悔毋違切切特示
光緒貳拾年貳月二十四

清光绪二十年禁示碑

“望湖石”题刻

“日光玉洁”题刻

“卧云”题刻

“高明光大”题刻

"开襟"题刻

"天地万物"题刻

题刻"卧云"　位于芙蓉岩上，字径约30厘米，有落款，但已漫漶不可辨认。"卧云"刻在书院最具代表性的一块岩石上。岩石突兀嶙峋，如熊似鳄，古人以"卧云"命之，将其变幻莫测、随时腾起的态势描摹地生动又逼真。

题刻"高明光大"　位于芙蓉岩上，字龛因中间有天然裂隙而分成两部分。书体遒劲有力，刻工精湛，字径约80厘米，是万松书院刻石中的精品。有落款，略小于正文。惜无年款，作者生平亦不详。

题刻"云路"　位于毓秀阁庭院内，与"独立石"相近。楷书，字径20厘米，笔力深厚，无落款。

题刻"开襟"　位于芙蓉岩上，贴近见湖亭。书体大胆而极富个性，其中"開（开）"的"門（门）"字框两边被写成一人敞开衣襟、叉腰而立的样子，把游人登临此处时敞衣纳凉、稍作休憩的情态描摹得栩栩如生。字径约30厘米，无落款，为万松书院众多石刻中的精品。

题刻"天地万物"　位于芙蓉岩上，楷书，稳健端庄，颇具大家风范，字径约30厘米。有落款，但已风化不可辨认。“天地万物”应是前人喻万松书院人灵地杰，钟灵毓秀，集天地万物之精华，是孕育人才的好地方之意。

石鼓

石鼓、碑座　石鼓于2002年重建万松书院时在遗址中出土，现置于明道堂前。直径80厘米，略有残损。单面圆雕“三狮争彩”，整个画面以彩球为中心，幼狮环绕相戏，乐而无忧，周围环饰梅花图案，清新别致。浮雕图案表现了国泰民安、吉祥喜庆的主题。石鼓的年代无确切记载，但从其华丽的图饰、细腻的雕刻及所表现的主题等方面来看，应为清中晚期作品。石鼓原本为官宦人家大门两侧的建筑装饰，是身份和地位的象征，至清代也有出现在书院大门口的，一方面反映了封建知识分子读书即为当官的仕途思想，另一方面也反映了清代敷文书院的官学化。

碑座

与石鼓同时出土的还有一件残损的碑座。碑座残高60厘米，宽90厘米，残存部分仍可见细腻的雕刻、流畅的线条、考究的纹饰。颇大的体量，从其规制和制作工艺中足以让人联想到清代敷文书院的宏大规模。

新石刻《嘉靖辛酉重修万松书院记》　明嘉靖四年（1525），著名哲学家、教育家、“阳明派”创始人王守仁应提学佥事万信汝之请，为重修万松书院撰记。所撰记文，对书院教育有重大影响。2002年，杭州园林部门重刻，立于由义斋庑廊右端，为湖石，高156厘米，宽86厘米，共741字。兹录碑文于下：

《嘉靖辛酉重修万松书院记》碑

万松书院在浙省南门外，当湖山之间。弘治初，参政周君近仁因废寺之址而改为之，庙貌规制略如学宫。延孔氏之裔，以奉祀。近年以来，有司相继葺理，地益以胜，然亦止为游观之所，而讲诵之道未备也。嘉靖乙酉，侍御潘君景哲，奉命来巡，宪度丕肃，文教聿新，既简乡闱，收一省之贤士，而上之南宫矣。又以遗才之不能尽取为憾，思有以大成之，乃增修书院，益广楼居斋舍为三十六楹，具其器用，置赡田若干顷，揭白鹿之规，抡彦选俊肄习其间，以倡列郡之士，而属之提学佥事万君汝信。汝信曰："是固潮之责也。"藩臬诸君，咸赞厥成，使知事严纲董其役，知府陈力，推官陈篪辈相协经理，阅月逾旬，工讫事举，乃来请言以纪其事。

惟我皇明，自国都至于郡邑，咸建庙学，群士之秀，专官列职而教育之，其于学校之制，可谓详且备矣。而名区胜地，往往复有书院之设，何者？所以匡翼夫学校之不逮也。夫三代之学，皆所以明人伦。今之学官，皆以明伦名堂，则其所以立学者固未尝非三代意也。然自科举之业盛，士皆驰骛于记诵辞章，而功利得丧，分惑其心，于是师之所教，弟子之所学者，遂不复知有明伦之意矣。怀世道之忧者，思勉而复之，卒亦未知所措其力。譬之兵事，当玩弛偷惰之余，则必选将阅伍，更其号令旌旗，悬逾格之赏以倡勇敢，然后士气可得而振也。今书院之设，其亦此类也欤！士之来集于此者，其必相与思之曰：既进我于学校矣，而复优我于是，何为乎？宁独以精吾之举业而已乎？便吾之进取而已乎？则学校之中未尝不可以精吾之业，而进取之心，自吾所汲汲，非有待于人之从而趋之也，是必有进于是者矣，是固期我以古圣贤之学也。

古圣贤之学明伦而已。尧舜之相授受曰："人心惟危，道心惟微，惟精惟一，允执厥中。"斯明伦之学矣。道心也者，率性之谓也，人心则伪矣。不杂于人伪，率而发之于用也。以言其情，则为喜怒哀乐；以言其事，则为中节之和，为三千三百《经曲》之礼；以言其伦，则为父子之亲、君臣之义、夫妇之别、长幼之序、朋友之信，而三才之道尽此矣。舜使契为司徒以教天下者，教之以此也，是固天下古今圣愚所同具。其或昧焉者，物欲蔽之，非其中之所有不备而假求之以外者也。是所谓不虑而知，其良知也；不学而能，其良能也。孩提之童，无不知爱其亲者也。孔子之圣则曰："所求乎子以事父未能也。"是明伦之学，孩提之童亦无不能，而及其至也，虽圣人有所不能尽也。人伦明于上，小民亲于下，家齐国治而天下平矣。是故明伦之外无学矣。外此而学者，谓之异端；非此而论者，谓之邪说；假此而行者，谓之霸术；饰此而言者，谓之支辞；背之而驰者，谓之功利之徒、乱世之政。虽今之举业，必自此而精之，而后不愧于敷奏明试；虽今之仕进，必由此而施之，而后无忝于行义达道。斯固国家建学之初意，诸君葺书院以兴多士之盛心也，故为多士诵之。

"乾隆宗翰"章

石刻"浙水敷文" "浙水敷文"原为清康熙五十五年（1716）玄烨皇帝赐额，2002年重建时按御题拓本勒石为碑。为湖石，双面阴刻，高156厘米，宽86厘米。碑额浮雕双龙戏珠纹，且有篆书"康熙御笔之宝"额。碑身四周皆饰以龙纹。立于颜乐亭内。

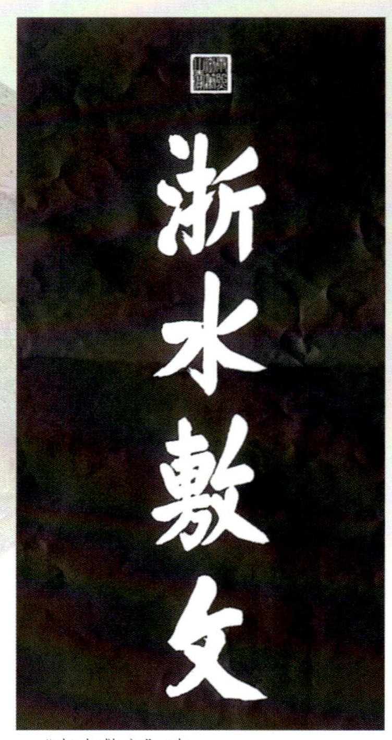

"浙水敷文"碑

石刻"乾隆御诗" 为清乾隆十六年暮春（1751），弘历皇帝第一次南巡亲临敷文书院时所题。2002年按弘历皇帝御题拓本重刻。碑高156厘米，宽86厘米，为湖石，双面阴刻，书体行草。碑额浮雕双龙戏珠纹，且有篆书"乾隆御笔"额。碑身四周皆饰以龙纹，有"陶冶性情"印。立于曾唯亭内。

石刻《嘉庆丁巳重修敷文书院记》

清嘉庆二年（1797），著名官宦学者秦瀛为重修敷文书院撰记，这篇文章是万松书院历史沿革的重要原始资料，2002年重刻。为太湖石，高156厘米，宽86厘米，共741字。现立于由义斋庑廊左端。兹录碑文于下：

“陶冶性灵”章

敷文书院在凤山门外万松岭上，旧名万松书院，建自明弘治中浙江右参政周木。其后屡修屡圮。国朝康熙间，巡抚范公承谟重修，伏遇圣祖仁皇帝南巡，御书“浙水敷文”四字以赐，书院易敷文始此。雍正十一年，诏直省各建书院，给帑金，颁经籍弆焉。乾隆辛未以来，迭邀太上皇帝时巡驻跸，宠锡诗章，多士于于喁喁，乐观国光，艺林盛事，亘古未有。岁乙卯，瀛承乏监司，频过此，见廊庑倾攲，堂室渗漉，院长及诸生只以课日来会，平时则不复居书院。会前抚觉罗吉公檄瀛司院事，无何，吉公迁粤去，而今抚长白玉公来，瀛亟请于公葺而新之。以嘉庆二年四月经始，六月讫工，廑费钱五百缗有奇，而缺者完，蠹者坚，黝者垩，硗者甓。适御史仁和潘德园先生以予养

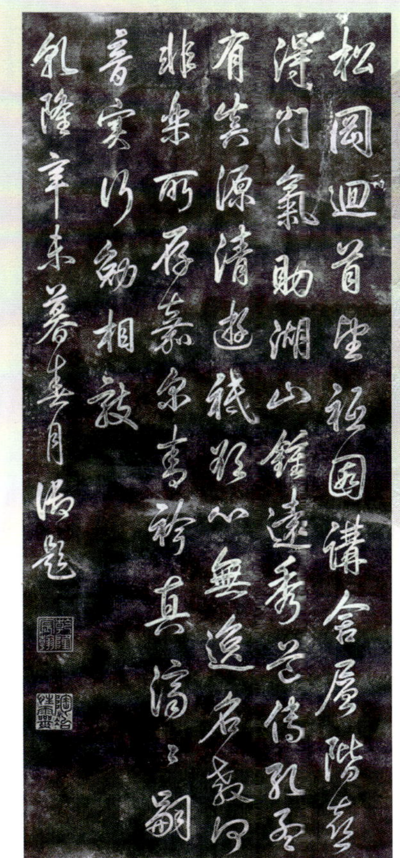

乾隆御碑

在籍，延之为院长，诸生既庆得师，而又乐书院之重新也。十一郡之士一时翕集，弦诵之声倍盛曩昔。

余闻古者书院之设自南宋始，领之以山长，有诵讲之益，有肄习之美，实与学校相表里，及其既衰，鹿洞、岳麓仅存序文，而先儒之遗迹泯焉。且自举业兴，而所谓讲诵肄习者，区区括帖之末。近来学者日趋苟简，百家诸子之书，且束而不观，而圣贤修齐治平之学，其讨论及之者鲜矣。两浙山川雄秀，人文甲海内，而省会为多士辐辏之地，我国家菁莪化育，涵儒渐渍，大吏甄其才之尤雅者，录入书院，日有给，月有膳，又礼请名师以课程之。《记》曰："独学而无友，则孤陋而寡闻。"韩子曰："古之学者必有师。师者，所以传道、授业、解惑也。"今省会之有书院，萃十一郡之俊造，相与观摩，既无患其独学无友，而得师而从，指讲口授，可以知所向方学者。阐六籍之精微，探圣贤之奥窔，他日出身加民，发于事业，皆殖本于是，而非徒以其文云尔也。余为识重修岁月而并为述所闻以告诸生。其请余文者，则监院候补教谕陆梦熊，仁和人，为冯俊倬，桐乡人。俊倬即董斯役者，例得并书。

石刻《万松书院重建碑记》

2002年，时任杭州市政协常务副主席的马时雍先生为重建万松书院撰记，由著名书法家蒋北耿书，杭州市书法家协会秘书长沈立新刻镌。碑为湖石，高195厘米，宽95厘米，正反双面分刻中、英文，共750余字。现立于仰圣门左侧，为万松书院唯一的现代重修碑记，对于传承书院的历史及发展有着重要作用。

万松书院自创办至结束办学的近500年中，有明确记载的碑石题刻就达百余处之多。但这些珍贵的文物在历史的风雨中、在岁月的流逝间，或漫漶不可辩，或残损丢失，或面目全非。以上列举的仅为现存的和重新镌刻的一些重要碑石，以飨对万松书院历史变迁感兴趣的读者。

萬松書院重建碑記

錢塘仁和自古乃重教興學之地近千年來薈英萃華人才輩出明弘治十一年公元一四九八年浙江右參政周木於南宋報恩寺舊基創建萬松書院清康乾盛世書院几經修葺盛極一時康熙賜額浙水敷文故易名敷文書院清末書院搬至城內萬松嶺舊址古迹亦留存至今萬松書院地處湖山之間樹木蒼翠奇石嶙峋書院在此講學四百餘年以明五倫為教育宗旨弘揚儒家文化傳習理學祠記先賢培養人才明清時期著名學者王陽明齊召南秦瀛袁枚等曾在此講學成就使書院一度成為江浙一帶最大學府

近百年來世態變遷書院遺址日漸荒圮一九九九年春我等踏青至此但見斷壁殘垣荒草淒淒倍感惋惜竊曰此乃杭城尚存唯一書院遺址時逢盛世理應修復以使續於前人炳耀於後世翌年市園林文物局對遺址進行了初步整修詳據乾隆南巡圖杭州府志敷文書院志略等記載製訂了書院修復方案由政府多方籌資按明代建築風格進行整修和重建有品字牌坊明道堂大成殿等大小建築十餘處計耗資二千餘萬元費工一年至二〇〇二年十月甫成重現書院當年風采五百年來書院曾數毀於戰亂經歷四毀四建和十餘次重大維修今得重光乃杭州文化教育史上一盛事也

教育乃一國之本教育興國家興也修復萬松書院旨在弘揚中華民族重教興學之舉尊師愛生之德教學相長之義勤學苦練之風近百年來教育體制已大變書院漸廢但書院倡導博學通經致用之學風不可廢也中華文化源遠流長儒家哲理自孔孟創立經周程朱張闡發開拓數千年來從未中斷此乃中華文化之源理當繼承發揚為中華民族偉大復興之基石也

萬松書院地處南宋皇城遺址書院重建不僅為杭州添一尋古探幽之地亦實啓修復皇城遺址之先聲耳時國運昌盛皇城遺址公園之建設當指日可待也是以記

二〇〇二年錢塘馬時雍撰 蔣北耿書 杭州市園林文物局立

3. 名人塑像

进入万松门，既可见院中错落有致地分布着10余组与书院相关的名人塑像，形象生动，栩栩如生，他们的存在使书院的空气仿佛都漂浮着沁人心脾的翰墨书香。这些人物分别是“濂”、“洛”、“关”、“闽”学派的代表和对万松书院有过贡献的山长或学员。

周敦颐塑像位于书院中轴线西侧，浣云池畔，为石质坐像，底座四周浮雕莲花，取先生《爱莲说》中“出淤泥而不染”之意。人物形象潇洒俊逸，怡然自得，表现先生洁身自爱的君子情操。

周敦颐（1017—1073），字茂叔，世称“濂溪先生”，道州营道（今湖南道县）人。北宋理学创始人之一，与张载、程颐、程颢、朱熹并称为“周程张朱”。毕生致力于传道授业，从学者甚众，士人悦服称颂。其理论对中国古代教育和书院的发展产生过极为重要的影响。著有《太极图说》、《通书》等。后世学者编有《周子全书》。

张载塑像位于书院中轴线东侧，是进入万松门后的第一尊塑像。塑像为石质坐像，坐东面西，双手扶膝握卷，面色深峻，若有所

周敦颐像

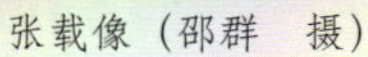
张载像（邵群　摄）

“二程”像（邵群　摄）

思，表现了思想家独特的气质和风范。

张载（1020—1077），字子厚，世称“横渠先生”，凤翔郿县（今陕西眉县横渠镇）人。北宋理学创始人之一。一生深研各家书籍，服膺儒学，针对当时社会需要，苦思力索，建立自己独立的体系。著有《正蒙》、《经学理窟》、《易说》等数十种书籍。后人称其为“关学”，编有《张子全书》。

“二程”塑像位于中轴线西侧的草地上，为青绿色铜质立像。人物为老年形象：一老双手执书，低头呈阅读状；另一老拄杖倚立，亦作阅读状。既表现了人物的好学，又表达出兄弟间的默契。

[“二程”]程颢（1032—1085），字伯淳，世称“明道先生”。程颐（1033–1107），字正叔，世称“伊川先生”。两人为同胞兄弟，世称“二程”，洛阳（今属河南）人。“二程”共创“洛学”，是宋代理学的奠基人。潜心教育，论著颇丰，他们的教育主张和思想体系对后世教育的发展影响极大。

朱熹塑像位于中轴线西侧，仰圣门旁的大草坪中，为青绿色铜

朱熹像（邵群　摄）

质立像。朱熹长袍宽袖，迎风而立，在嶙峋突兀的石林的映衬下，表现出人物的睿智和深邃。线条流畅，极富动感。

朱熹（1130—1200），字元晦，号晦庵，徽州婺源（今属江西）人。宋代著名理学家、教育家。他所创立的理学思想，被历代统治者钦定为正统思想，成为中国自南宋至清代的700年间一直处于统治地位的思想理论，并在东亚、东南亚与欧美诸国产生影响。他复兴白鹿洞书院，并亲自主持讲学，制订书院办学方针、规章。他制定的《白鹿洞书院揭示》对中国书院的发展有着深远的影响。朱熹一生，为官7年，大部分时间从事书院教学与理学研究，著有《四书章句集注》、《楚辞集注》等70余部460多卷　。后人称其学为“闽学”。

商辂像

商辂塑像位于书院中轴线西侧，靠近车道入口处。为石质立像，呈红褐色。整个塑像以柔和的线条表现少年商辂矫矫不群的才子风范。

商辂（1414—1486），字弘载，号素庵，浙江淳安人。21岁乡试夺魁，正统十年（1445）

会试中会元，殿试又获进士第一的成绩，即所谓的“连中三元”，这在明代270年的历史中也是很少见的，因此后人将他在杭州时居住的街巷改称为“三元坊”，坊名一直留传至今。商辂学识渊博，为人正直，平时宽厚有容，“至临大事、决大议，刚毅之志莫能夺”。历任兵户、吏部尚书兼文渊阁大学士。著有《商文毅疏稿略》、《蔗山笔麈》、《商文毅公集》、《石钟山志》等。

王守仁像

王守仁塑像为石质群像，位于书院中轴线东侧，泮池左侧，由王守仁与两学童组成。王守仁长身而立，俯首观望，一手捋须，一手执卷，面色凝重，一派诲人不倦的教育家形象。两学童头梳双髻，身着短衣衫裤，或书或写，神情中流露出天真童趣。

齐召南像

齐召南塑像位于书院中轴线东侧，泮池右侧。为石质坐像。齐先生背倚青山，独坐岩上，品茗观云，优游涵咏。他仿佛被眼前景物吸引，恍惚中，一坐便是数百年。

金甡塑像位于书院中轴线东侧，仰圣门院内。为古铜色铜

金甡像（邵群　摄）

袁枚塑像

质组像。由手持竹杖的金甡立像与单膝跪地的童生像组成。金先生左手持杖，右手反背，耐心地指导童子。童子手握毛笔，以地为纸，专心练字。画面组合生动形象，与书院的主体与氛围十分协调。

袁枚塑像位于中轴线西侧、“品”字形牌坊的石阶前，为石质坐像，表现了青年袁枚年少才高、风流倜傥的才子形象。

（三）周边名胜

1. 凤凰山景区

万松书院有游步道可通往凤凰山景区。凤凰山古称凤山，位于万松岭和慈云岭之间，主峰海拔174米，因“两翅轩翥，左薄湖浒，右掠江滨，形若飞凤。”所以得名。

于子三墓 位于万松书院内，中轴线东侧。于子三（1924——1947），山东牟平县人，1944年考入浙江大学农学院农艺系，期间深受浙大“求是”学风熏陶和革命思想的启迪，毅然投身爱国民主运动，并成为浙江大学学生运动的主要领导人。1947年10月26日被国民党反动政府逮捕，三天后英勇就义，年仅22岁。

1948年3月14日，于子三安葬于凤凰山南麓山坡上。1996年，即于子三烈士就义五十周年之际，重修了于子三墓。现墓区占地约440平方米。墓坐南朝北，呈半圆形。墓碑上有乔石同志题词“于子三烈士之墓”，墓区以花岗石护墙围合，其北回龙墙上镌刻由吴学谦同志题的“学生魂”及浙大撰写的于子三生平介绍。现为浙江省省级文物保护单位。

老虎洞窑址 位于杭州凤凰山与九华山之间的山岙平地，出万松书院后门步行约10分钟可达(直线距离约500米)。1996年—2001年，杭州市文物考古所先后对该窑址进行了三次考古勘测与发掘，发掘面积为2000平方米，共发现两座龙窑、一座素烧炉、作坊遗迹及大量瓷片、窑具标本，器型丰富多样，复原器达数百件，全面完整地揭露了老虎洞窑址全貌。

老虎洞窑址为宋元时期堆积，绝大部分专家认为其南宋堆积层即为南宋修内司官窑窑址，因而倍受国际学术界关注。而遗址元代层中出土的与传世哥窑类同的瓷片，更是为解决长期以来悬而未决的哥窑产地问题提供了第一手资料。现为全国重点文物保护单位。

凤凰亭 凤凰亭位于万松书院西南的凤凰山之巅（直线距离约500米），从远处看，恰如凤凰头上一冠。凤凰亭为2000年建造，两层重檐，内有楼梯可盘旋而上，登顶可将江、湖、山、城尽收眼底。

排衙石诗刻　所处将台山顶四顾坪（直线距离约2公里），海拔190米，因两排怪石如从卫拱立而得名。

“排衙石”又称“排牙石”、“石笋林”、“队石”，在平整的四顾坪中间有数十株石芽衙役分列两队。据记载，吴越国王钱镠定杭州为国都后，有一次带领部下策马上山，看到这群石芽苍翠玲珑，森若朝拱，便取名“排衙石”。石上留有吴越国王钱镠七言诗并序的残文。石上还刻有“一剑定”、“匡扶立正声”等字样，清阮元在《两浙金石志》中称赞说：“其书亦刚劲有风度”。现为杭州市市级文物保护单位。

圣果寺遗址　位于万松书院以东南（直线距离约2.5公里），杭州市凤凰山东麓。圣果寺又名胜果寺，由无着文喜禅师创建于唐乾宁年间（894—898）。吴越时期，钱王在石壁上镌刻“西方三圣”及十六罗汉。北宋初期改名为胜果寺。南宋时改为殿司衙。一直到元代至正年间（1341—1368），寺院彻底被毁，明洪武年间（1368—1398）重建。1958年寺院被拆毁，僧侣遣散。

圣果寺遗址现存有多处古迹。“三佛石”即西方三圣，高约10米，应为杭州最大的佛像。四周有“十六罗汉像”及多处摩崖题刻，如“忠实”、“凤山”及“跃云”等。另有凤凰池、通明洞、郭公泉、白玉宫墙、隐岩、香象、潜龙潭、月岩等历史上著名的景点，为探幽访古的胜地。现为杭州市市级文物保护单位。

2．玉皇山景区

位于万松书院南面，从书院后门出发经将台山，沿游步道步行约20分钟，可至玉皇山慈云岭。

玉皇山位于杭州西湖南岸，初名龙山。五代吴越王钱镠迎明州（今宁波）阿育王寺佛舍利供奉于此，始称育王山。山巅创建福星观后，尊祀玉帝，遂更今名。

玉皇山海拔约240米，与凤凰山冈峦相连，势若飞龙舞凤，故晋代郭璞有诗曰：天目山垂两乳长，龙飞凤舞到钱塘。因毗邻城市、左江右湖的地理优势，历史悠久、古迹众多的人文底蕴，峰奇石秀、飞云迷漫的自然风光，“玉龙金凤琢珠成湖、守湖”的动人传说，春季香客云集的民俗风情，被誉为杭州的“万山之祖”，位居西湖“新十景”之一。

玉皇山宜远眺近观，四季晨昏皆赏心悦目、宜书宜画。主要游览景点有福星观、望湖楼、登云阁、天一池、紫来洞、七星缸、八卦田、玉皇宫、慈云岭造像、吴越郊坛、林海亭等。紫来洞旁是俯瞰八卦田的最佳观景点。

3．长桥景区

长桥公园位于西湖南岸，万松岭下，距万松书院直线距离约600米。

古时西湖有三怪：一为孤山不孤、二为断桥不断、三为长桥不长。长桥公园即为其中的“长桥不长”之所在。

长桥公园占地约3万平方米，假山曲径，耸楼望阁，莲池河藁，柳荫槐花，幽雅瑰丽兼备。园内遍植杭州市花——桂花，所以又名市花公园。2002年，长桥公园作为西湖南线整治的重点区域，在充分利用原有资源的前提下，经过了大规模改造，面积也有所拓展。如今，园中溪流潺潺，芦荻摇曳，野趣横溢，生机盎然，是观赏雷峰夕照、西湖全景的最佳观赏点之一。

长桥公园在保留凝香居等故有的人文特色外，又增添了许多历史文化内涵。如新建的双投桥就蕴藏着一则古代爱情故事。据载，宋代钱湖门外，水口甚阔，有桥横截面，桥分三门，有亭临之，长亘里许，壮丽特甚，是为长桥。相传宋淳熙年间，钱塘王生名宣教者与陶女名师儿者，月夜双双投桥自尽，桥下遂开两朵玉芙蓉，故又名双投桥，实为长桥的俗称。斗转星移，水口渐渐淤塞，桥变短，遂成西湖三怪之一：长桥不长。2000年重修此桥，以合古意，并助游兴，

现有主要景点凝香居、双投桥、朱娘酒店、中日友好纪念碑等。

4．八卦田景区

八卦田遗址位于杭州市上城区玉皇山南麓，距万松书院直线距离约2.5公里。南面钱塘江（陶瓷品市场），北靠玉皇山之慈云岭（慈云岭造像），东邻乌龟山（吴汉月墓），西邻南山陵园（天龙寺造像）。田中有土丘、田塍、水沟，排列整齐，形似八卦，故称八卦田。现八卦

田四周形状如田。中心土丘隆起，占地约4公顷，其上用植物勾勒阴阳鱼的图案。四周田塍则以植物和阡陌构成，分别象征天、地、雷、风、水、火、山、泽八种自然现象的卦爻图案。

“南山胜迹有宋籍田，在天龙寺下，中阜规圆，环以沟塍，作八卦状，俗称九宫八卦田”。田汝成在《西湖游览志》中言简意赅地道出了这块不寻常的“田”。南宋定都杭州后，渐次恢复各类礼仪祭祀制度，绍兴十五年（1145），宋高宗下诏仿东京汴梁城旧制，在临安城嘉会门外南四里划拨良田千亩为皇室籍田，并于次年春，在籍田举行隆重祭祀典礼。宋高宗亲手执犁行“三推一拔”之礼，以祈求农事丰收并劝导臣民重视农桑。

20世纪80年代，部分农田改为水塘。2007年，杭州西湖风景名胜区着力整治遗址环境，再现都市中的农庄风貌。因兼有山川、风物、人情之美，所以成为杭州一大胜景。

5. 南宋皇城遗址 · 太庙

南宋皇城遗址 位于万松书院以南（直线距离约1公里），杭州凤凰山麓。宋室南宋后，绍兴元年（1131）宋高宗诏守臣徐康国利用原州治筹建行宫，绍兴四年（1134）至二十八年（1158）扩建宫城及东南外城，使整个皇城范围东起中河南段以西，西至凤凰山，南至笤帚湾，北达万松岭，方圆九里。皇城内经过历年修建，到南宋后期，有殿、堂、楼、阁、台、轩、观等130余座，建筑鳞次栉比，金碧辉煌。整个皇城充分利用山势精心规划布局，将主要宫殿置于较高的南部，显得巍峨壮丽。皇城东部为东宫。后苑在西北部，当年“怪石夹列，献瑰呈秀，三山五湖，洞穴深杳”。

元至正十三年（1276），元兵进占杭城，不久宫室遭火焚毁过半，残留宫殿改为报国寺等五大寺院。到明万历年间，大殿基本坍毁，整个皇城渐成废墟。现残存的遗址深埋地下，地面仅存部分北城墙遗迹等。

南宋太庙遗址 位于万松书院以东（直线距离约2公里）杭州市紫阳山东麓。南宋太庙是南宋皇家的宗庙，始建于南宋绍兴四年（1134），有大殿七楹十三室。以后各朝都有扩建，供奉从宋太祖起共十四位宋朝皇帝神位。

1995年9月，杭州市考古研究所在紫阳小区建设工地发现太庙东围墙、东门门址及大型夯土台基等遗迹，从揭露的部分遗迹看，南宋太庙规模宏大，营造考究，是我国目前发现时代最早、保存较为完好的古代皇家宗庙遗址，为研究南宋的政治、礼制提供了重要的实物史料。

南宋皇城遗址、南宋太庙遗址现都为全国重点文物保护单位南宋临安城遗址的组成部分。

6. 雷峰塔景区

位于万松书院以西（直线距离约1公里）南屏山回峰上，又名西关塔。吴越国王钱弘俶之妃黄氏于太平兴国三年八月，钱弘俶进京前所建，故称黄妃塔。此塔原拟建高1000尺的十三层宝塔，用来供藏佛螺发髻和八万四千卷经，后因财力不济，只造了八面七层，以砖石为芯，外建木构楼廊。北宋宣和年间（1119—1125）遭战乱，受损。南宋时又重修为八面五层。后木栏毁，仅存塔芯。其后因年久失修，且盗挖塔砖者日增，而于1924年9月25日下午一时半倒坍，塔砖中秘藏的吴越雕版印刷品《一切如来心秘密全身舍利宝箧印陀罗尼经》经卷等珍贵文物真形显露，轰动海内外。可惜的是，西湖十景从此也因为雷峰塔的消失而残缺不全，西湖南岸的风景轮廓线大为逊色。

2001年3月11日，对雷峰塔遗址和地宫的发掘，出土了包括吴越国纯银阿育王塔（鎏金银质宝箧印经塔）、鎏金龙莲底座佛像等在内的一批精美的文物珍品，再次引起海内外的轰动和关注。现存遗址高约十米，直径约二十余米。

2002年10月，在遗址上重建新塔，即保护遗址，又作观光用，最重要的是阔别已久的“雷峰夕照”，回到了十景的行列。

由于雷峰塔与流传的美丽的神话故事《白蛇传》有关，所以人们至今还十分怀念。1997年8月被列为浙江省省级文物保护单位。

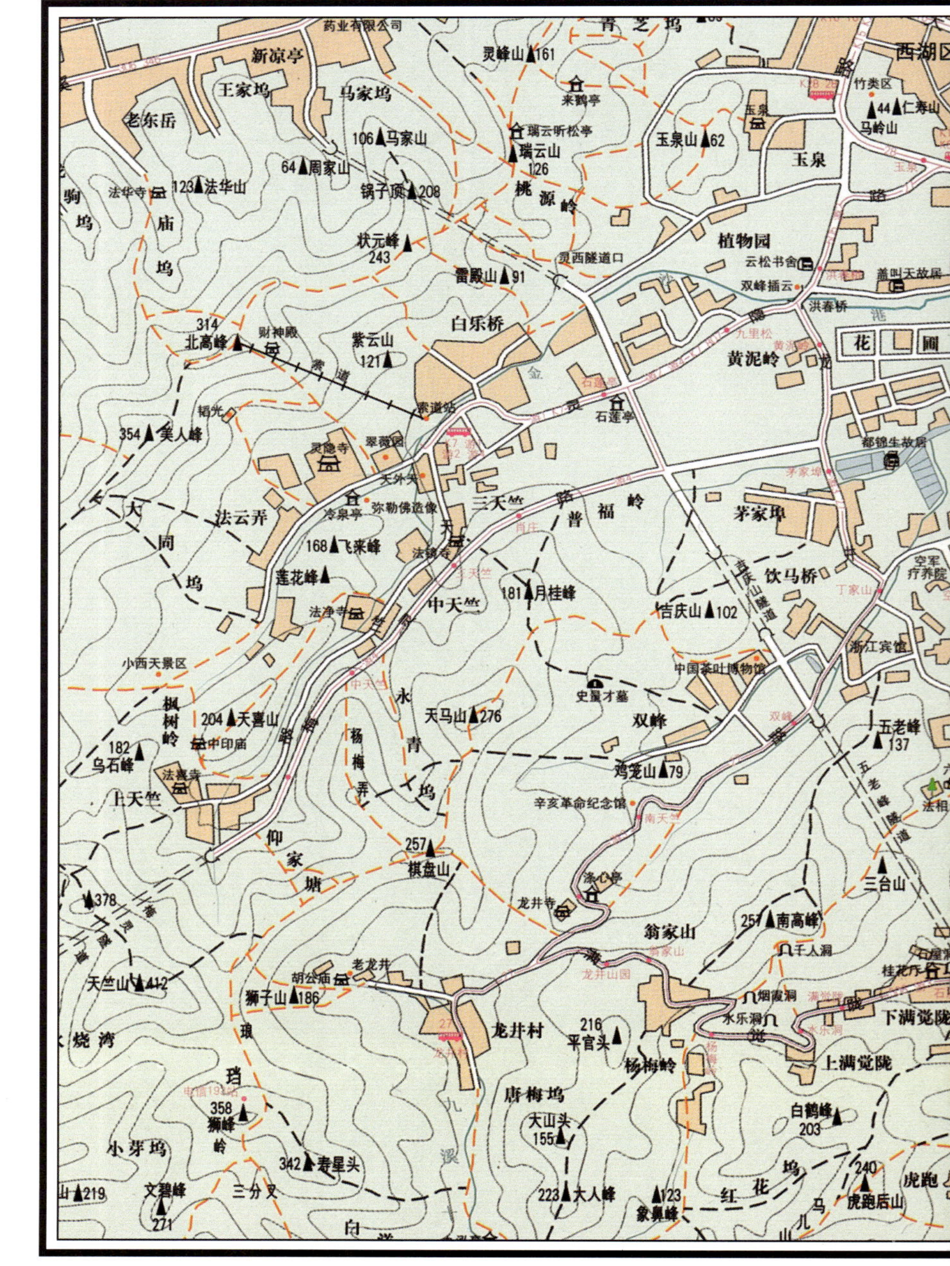

青芝坞
灵峰山161
来鹤亭
瑞云昕松亭
瑞云山126
桃源岭
西湖区
竹类区
44仁寿山
马岭山
玉泉
玉泉山62
玉泉
植物园
云松书舍
双峰插云
盖叫天故居
洪春桥
花圃
黄泥岭
新凉亭
王家坞
马家坞
老东岳
106马家山
64周家山
锅子顶208
法华寺
123法华山
驹坞
庙坞
状元峰243
雷殿山91
灵西隧道口
白乐桥
紫云山121
314北高峰
财神殿
索道
索道站
韬光
354美人峰
灵隐寺
翠薇园
石莲亭
天外天
冷泉亭
弥勒佛造像
三天竺
普福岭
都锦生故居
茅家埠
大同坞
法云弄
168飞来峰
法镜寺
莲花峰
181月桂峰
吉庆山隧道
饮马桥
空军疗养院
法净寺
中天竺
吉庆山102
浙江宾馆
小西天景区
中国茶叶博物馆
史量才墓
枫树岭
204天喜山
中印庙
天马山276
永青坞
双峰
五老峰137
182乌石峰
法喜寺
上天竺
杨梅弄
鸡笼山79
五老峰隧道
辛亥革命纪念馆
仰家塘
257棋盘山
涤心亭
龙井寺
三台山
378
翁家山
251南高峰
千人洞
天竺山412
胡公庙
老龙井
烟霞洞
桂花厅
狮子山186
水乐洞
下满觉陇
大烧湾
琅珰
龙井村
216平官头
杨梅岭
上满觉陇
唐梅坞
358狮峰岭
白鹤峰203
小芽坞
大山头155
342寿星头
九溪
山219
文碧峰271
三分叉
223大人峰
123象鼻峰
红花坞
240虎跑后山
虎跑

下城区
上城区
西湖
北里湖
小瀛洲
湖心亭
孤山
西泠印社
浙江省博物馆
中山公园
楼外楼
秋瑾墓
断桥
锦带桥
宝石山
初阳台
葛岭
东浦桥
压堤桥
望山桥
锁澜桥
映波桥
刘庄
花港公园
南湖
太子湾公园
雷峰塔
夕照山
苏家山
净寺
南屏山
荔枝峰
莲子峰
中国丝绸博物馆
九曜山
四眼井
玉皇山
得意亭
心安山
八卦田
白云庵
玉皇宫
林海亭
将台山
北观音洞
凤凰山
归云洞
月岩
栖云寺
金家山
南宋官窑遗址
乌龟山
陶瓷品市场
凤凰亭
九华山
老虎洞修内司窑遗址
馒头山
万松书院
万松岭
革命烈士纪念馆
陆军监狱纪念亭
云居山
紫阳山
江湖汇观亭
宝成寺
城隍阁
药王庙
吴山
东岳庙
茗香楼（极目阁）
吴山广场
中国美院
南山路
解放路
开元路
西湖大道
中河中路
中河南路
南星路
凤山门
长桥
苏堤

图书在版编目（CIP）数据

万松书缘/王国平主编.—杭州：杭州出版社，2008.10
（西湖全书/王国平主编）
ISBN 978-7-80758-134-5

Ⅰ．万…　Ⅱ．王…　Ⅲ．书院—教育史—杭州市　Ⅳ．G649.299.551

中国版本图书馆CIP数据核字（2008）第151811号

万松书缘

邵　群　著

责任编辑	武晓华
美术编辑	赵　辛
出版发行	杭州出版社（杭州市曙光路133号） 电话：0571-87997719　邮编：310007
制　　版	杭州美虹电脑设计有限公司
印　　刷	杭州星晨印务有限公司
经　　销	新华书店
开　　本	880×1230　1/32
字　　数	190千
印　　张	6
版　　次	2008年10月第1版　2008年10月第1次印刷
书　　号	ISBN 978-7-80758-134-5
定　　价	32.00元